DIE TOTE ELSE

RENATE HOLLAND-MORITZ

DIE TOTE ELSE

EIN WAHRHAFTIGES KLATSCHBUCH

EULENSPIEGEL VERLAG BERLIN

Die illustrierten Eulen
in diesem Büchlein
sind der Autorin
überreicht von
Manfred Bofinger,
der an dieses Geschenk
keine Bedingung
knüpft

ISBN 3-359-00005-6

»Aus Ihnen wird wohl nichts werden, es sei denn, Sie gingen zum Film oder zur Presse.« Dieser Stoßseufzer eines geplagten Studienrates, den meine geringen Kenntnisse im Fach Chemie tief erschüttert hatten, war als Beleidigung gedacht; ich aber hielt ihn für eine Art von vernünftiger Berufsberatung. Also kündigte ich meiner Köpenicker Oberschule unmittelbar nach Absolvierung der 10. Klasse und begab mich auf Stellungsuche.

Der Verlag Kultur und Fortschritt leistete sich im Mai 1952 den Luxus, einen ahnungslosen 17jährigen Teenager als Redaktionsvolontär einzustellen. Ich begann in einer wissenschaftlichen Vierteljahreszeitschrift und wurde mangels anderer Fähigkeiten mit der Zusammenstellung des Sachregisters für ein enzyklopädisches Werk betraut.

»Das Alphabet werden Sie ja wohl beherrschen«, sagte der Chefredakteur. Damit irrte er. Zumindest war mir nicht geläufig, daß auch die jeweils nächstfolgenden Buchstaben der alphabetischen Ordnung bedurften. Als nach wenigen Wochen ruchbar wurde, daß bei mir »Arbeiterklasse« den Vorrang vor »Akademie der Wissenschaften« hatte, mußte ein fünfköpfiges Team von Slawistikstudenten engagiert werden, um die von mir gestiftete Konfusion zu entwirren. Einige der inzwischen gestandenen Professoren und Doktoren erinnern sich noch heute gern der so unverhofften wie beträchtlichen Nebeneinnahme.

Nach diesem Desaster übernahm mich **Harald Hauser**, Chefredakteur der im selben Verlag erscheinenden populärwissenschaftlichen Monatszeitschrift »Die Neue Gesellschaft«. Hauser war ein guter Journalist und ein großer Mutmacher. Junge Leute, die viel lasen und respektvoll mit der Muttersprache umgingen, hatten seine Sympathie. Die allerdings verscherzte ich mir weitgehend, als ich eines Tages daranging, Gorki zu redigieren. Der Satz »Ein Mensch – wie stolz das klingt«, kam mir doch ein wenig zu dürftig vor, so daß ich änderte: »Ein Mensch zu sein – wie stolz das klingt!«

Danach gab mich Hauser ohne erkennbares Herzdrücken an die Wochenzeitschrift »Friedenspost« weiter.

Hier stand ich unter der Obhut des stellvertretenden Chefredakteurs **Heinz Stern**, später langjähriger Chefreporter des »Neuen Deutschland« und der mit Recht so beliebten Gazette »Das Magazin«. An die »Friedenspost« werden sich heute höchstens noch einige ältere Mitglieder der Gesellschaft für Deutsch-Sowjetische Freundschaft erinnern, deren Zentralorgan das Blättchen darstellte. Eine gewisse dogmatische Kopflastigkeit und der für damalige Zeiten charakteristische hölzerne Stil hielten die Verkaufszahlen in Grenzen. Ich erinnere mich, daß vor allem Zehnerkassierer der Freundschaftsgesellschaft hartnäckigen Beitragsschuldnern die Zeitschrift als eine Art Ablaßbrief aufschwatzten.

Mir wurde die ehrenvolle Aufgabe zuteil, die letzte Seite redaktionell zu betreuen. Sie war zu zwei Dritteln dem Sport vorbehalten, während der sogenannte Keller dem Rätsel gehörte. Vom Sport verstand ich nun nachweisbar weniger als nichts. Das fiel zunächst gar nicht auf, denn mein ständiger Mitarbeiter **Heinz Machatschek**, der sich inzwischen einen Namen als populärwissenschaftlicher Autor seiner Hobbygebiete Schach, Weltraumfahrt und Heraldik gemacht hat, lieferte jede Woche druckreife Artikel zum Thema Sowjet-Sport. Aber eines unvergeßlichen Tages im Oktober 1953 kam die Wahrheit über mein sportliches Unvermögen an den Tag.

Ein großes internationales Fußballspiel war angesagt, nämlich das Freundschaftstreffen »Torpedo Moskau – ZSK »Vorwärts«. »Vorwärts«, die Mannschaft der Kasernierten Volkspolizei, gehörte, wie ich dem Agenturmaterial entnahm, der Liga an. »Torpedo« hingegen stellte die drittbeste Mannschaft der Sowjetunion. Und das erschien mir nun mehr als ein Frevel. Also schrieb ich einen Brand-Artikel, in dem ich die Organisatoren des Spiels beschimpfte, weil sie den sowjetischen Meistern einen minderen Gegner zumuteten. Er endete mit den apodiktischen Worten: »Das Publikum erwartet mit Recht ein Spiel gleichwertiger Mannschaften, und dazu müßte man ›Torpedo‹ eine DDR-Auswahl gegenüberstellen. Eine andere Möglichkeit gibt es nicht.«

Leider vermochte ich trotz aller Empörung nicht mehr als eine Druckspalte zu füllen. Deshalb besorgte ich mir die Fotos der elf sowjetischen Spieler und plazierte sie schön groß und übersichtlich auf der Seite. Die ungenügenden »Vorwärts«-Kikker mußten sich mit einer namentlichen Aufstellung begnügen.

Am 29. Oktober 1953 marschierte ich wie Zehntausende andere Berliner ins Walter-Ulbricht-Stadion. Zu meinem Entzücken sah ich, daß viele Fußballfans die »Friedenspost« in der Hand hielten und mit weit aufgerissenen Augen meinen Beitrag lasen. Zum erstenmal stand ich dem Phänomen gegenüber, gelesen und – wie mir schien – verstanden zu werden. Ich fieberte dem Beginn des Spiels und vor allem seinem unvermeidlichen Ausgang entgegen. Plötzlich kam einer der gestandenen Sportjournalisten auf mich zu und sagte väterlich: »Also Kleene, am besten, du jehst janz schnell nach Hause. Wenns sein muß, schieß ick dir den Weg frei!«

Obwohl ich der dunklen Rede Sinn nicht verstand, gehorchte ich aufs Wort. Beim Verlassen des Stadions befragte ich immerhin noch den Zeitungsverkäufer am Kiosk, womit denn der sensationelle Verkaufserfolg der »Friedenspost« zu erklären sei. Der Mann kicherte. »Es war wejen die Fotos von die Russen. Dafür hatten die richtjen Zeitungen wohl keenen Platz.«

Zu Hause kroch ich fast ins Radio, wie später nur noch zu Zeiten der Friedensfahrt-Berichterstattung. Aber meine Niederlage war so total wie die der sowjetischen Gäste: »Torpedo« Moskau verlor gegen ZSK »Vorwärts« mit 4:2 Toren. Ein Grund für mich, an dem vielzitierten Satz »Von der Sowjetunion lernen, heißt siegen lernen« zu zweifeln.

Ich weiß nicht, ob ein kausaler Zusammenhang zwischen meiner journalistischen Fehlleistung und dem Ableben der »Friedenspost« bestand, jedenfalls wurde das Blättchen noch im November 1953 eingestellt. In der letzten Nummer erschienen auf der Sportseite die Porträtkarikaturen aller Mitarbeiter sowie folgendes herzergreifende Gedicht:

Wies beim Abschiednehmen üblich,
marschieren die Bekannten auf.
Die einen meinen dann: betrüblich,
die andern sagen: Schicksalslauf.
Die Tapferen verdrücken Tränen,
die allermeisten aber – weenen!
Sie sehen hier die Redakteure
der FRIEDENSPOST. *Sind sie nicht nett?*
Der Leser (wenn ich richtig höre)
fragt: »Kennse den? Wer is denn det?«
Drum lüften wir, wenn auch recht spät,
zunächst die Anonymität.
Chef: Rudi Wetzel. Dann Heinz Stern,
sein Stellvertreter. Etwas weiter
Franz Günther, des Verlages Leiter,
und Bekier, Chefreporter. Gern
beschäftigte sich mit Kultur
(und nicht allein mit dieser nur)
Frau Eisler. Hilde Arnold machte
Rezepte und Humor. Man lachte
(am Schreibtisch!). Hausers Gisela
und Erich Klückmann waren da,
die Leserbriefe zu verkraften.
Paszkowiak und Biskup schafften
das Zeitungsbild und überwachten,
was die im Druckhaus daraus machten.
Lorf riß uns oft politisch mit,

Erfahrungsaustausch hatte Schmidt,
Klein-Moritz (fast noch Kinderhort)
erfreute Sie mit Spiel und Sport …
Und wenn noch wer darüber weint,
daß keine FRIEDENSPOST erscheint,
dann seid gewiß, daß alle schon
als Freunde der Sowjetunion
an einem neuen Posten stehn …
Bis dahin dann – auf Wiedersehn!

Meine nächste Station war die »BZ am Abend«, wo ich gemeinsam mit Peter Edel ein bissiges und deshalb kurzlebiges Kabarett namens »BZ-Abendwolke« begründete. Aber in der Redaktion waren weniger die vielleicht in mir schlummernden satirischen Talente gefragt als vielmehr die ordentliche Arbeit eines Redaktionsassistenten. Damit tat ich mich außerordentlich schwer, denn die Arbeitszeit begann um 6.30 Uhr (sonnabends und montags bereits um 5.30 Uhr), und ich führte schon damals das Leben einer Nachteule.

Wegen ständigen Zuspätkommens war ich auf die Dauer weder in der Innen- noch in der Außenpolitik, geschweige denn im Berlin-Ressort zu gebrauchen. Deshalb übertrug man mir die allsonnabendlich erscheinende Frauenseite. Das war ganz lustig, zumal ich ein kleines Büro unterm Dach bewohnte und mich so weit ab vom Schuß beziehungsweise Chef befand.

Allerdings sollte ich nun schmerzlich erfahren, daß auch Redaktionsarbeit ein Mindestmaß an Rechenkunst erforderte. Damals mußte man eine Zeitungsseite noch selbst spiegeln und die genaue Anzahl der Zeilen sowie die Größe der Fotos und Zeichnungen errechnen. Dem war ich mit meiner geschmeichelten Vier in Mathematik schlechterdings nicht gewachsen, so daß ich immer wieder auf die Hilfe der freundlichen Metteure in der Setzerei zurückgreifen mußte. Das geschah natürlich heimlich, denn mein Chef bestand darauf, daß ich

das Redakteurshandwerk gründlich und von der Pike auf erlernte. Folglich hatte ich mir fast jeden Montag in der Redaktionssitzung eine Gardinenpredigt anzuhören. Doch eines schönen Tages war der Knoten gerissen. Ich hatte es ganz allein geschafft, alle geplanten Bilder und Texte auf meiner Seite unterzubringen, ohne einen störenden weißen Fleck zu hinterlassen. Voll Stolz schritt ich in die Sitzung, überzeugt davon, diesmal belobigt zu werden. Daran lag mir besonders, weil der gutaussehende **Günter Karau** Chef vom Dienst war. Er gefiel mir über die Maßen, und ich wollte ihm wenigstens einmal positiv auffallen.

Leider aber stand schon kurze Zeit später fest, daß nie ein ordentlicher Redakteur aus mir werden würde, und diese vernichtende Expertise mußte ich auch noch aus dem Mund meines Idols Karau erfahren. Auf meiner Frauenseite befanden sich zwei Artikel, und zwar ein Dreispalter über Clara Zetkin und daneben ein Zweispalter über die Vorzüge einer Kochkiste, in der man das Essen zu Ende garen lassen konnte und damit Strom sparte. Bei meiner schweißtreibenden Rechenarbeit hatte ich dummerweise übersehen, daß beide Beiträge unmittelbar nebeneinander standen. Zu allem Überfluß hatte ich auch noch den gleichen Typ für die Überschriften gewählt, so daß nun als einheitlicher Titel über einem scheinbar fünfspaltigen Artikel zu lesen stand: »Sie lehrte uns laufen … Die gute, alte Kochkiste!«

Nach zwei Jahren nicht eben verheißungsvoll verlaufener Lehrzeit in den verschiedensten Redaktionsstuben beschloß ich, mich nunmehr dem Leben direkt zu stellen und nach dem Vorbild des großen Egon Erwin Kisch ein rasender Reporter zu werden. Und zwar mit möglichst unnormierter Arbeitszeit. Ich besprach die Angelegenheit mit meinem väterlichen Freund **Rudolf Hirsch**, der gerade von der »Täglichen Rundschau« zur neugegründeten »Wochenpost« übergewechselt war und allwöchentlich »Als Zeuge in dieser Sache« aussagte.

»Das beste ist, du schreibst ebenfalls Gerichtsberichte«, empfahl Rudi, »das kann nämlich jeder. Aber sags nicht weiter!«

Das war mehr als eine charmante Übertreibung, denn so wie er konnte es keiner. Gewiß, da gab es den witzig-bissigen **Cobra**, der im Auftrag der »Berliner Zeitung« die Gerichtssäle durchstreifte. Aber Rudolf Hirsch schrieb nicht nur zur Unterhaltung sensationslüsterner Leser, er engagierte sich mit seiner ganzen Person für das sozialistische Recht. Das hatte durchaus etwas mit persönlichem Mut zu tun, denn gelegentlich sah sich Rudi veranlaßt, die Art der Prozeßführung oder auch ein ergangenes Urteil zu kritisieren. Die Reaktionen der Betroffenen waren nicht immer freundlich, immer aber hatte Rudolf Hirsch seine nach Millionen zählenden Leser hinter sich.

Seine große Liebe gehörte der Jugendrichterin

Elisabeth Samain, in deren Verhandlungszimmer ich dem ersten Prozeß meines Lebens beiwohnte. Angeklagt war ein 14jähriger bejammernswerter Waisenjunge, der in einer Buchhandlung zwei Romane von Ilja Ehrenburg geklaut hatte. Die Gerichtsvorsitzende Samain war außerstande, ihre Sympathie für den jugendlichen Delinquenten zu verbergen, weshalb ihr Urteil denkbar milde ausfiel. Ich erinnere mich, daß sie am Schluß der Verhandlung den Jungen vor den Richtertisch bat und ihm zuraunte: »Wenn es dir in einer Buchhandlung wieder einmal in den Fingern juckt, dann ruf mich an. Ich kauf dir die Bücher!«

Diese außergewöhnliche Frau war etwa zu Beginn des Jahrhunderts als Dienstmädchen vom Lande nach Berlin gekommen. Sie verliebte sich in einen kommunistischen Arbeiter, der die lernbegierige Landpomeranze zu allen politischen Veranstaltungen mitschleppte. Eines Tages sprach Rosa Luxemburg. Obwohl Elisabeth Samain ein äußerst scheues Mädchen war, verstand sie es, nach dem Meeting die Bekanntschaft Rosa Luxemburgs zu machen und ein längeres Gespräch mit ihr zu führen. Von nun an war Elisabeths Weg besiegelt: Sie wurde Mitglied der Kommunistischen Partei.

Nach 1945 gehörte Elisabeth Samain zu den ersten, die in einem Schnellkursus als Volksrichterin ausgebildet wurden. Ihre Hauptsorge galt von Anfang an den durch Kriegs- und Nachkriegswirren aus der Bahn geworfenen Jugendlichen. Sie sah ihre vornehmste Arbeit nicht darin zu richten, sondern jenen zu helfen, die ohne eigenes Verschulden schuldig geworden waren. Wenn sie begriff, daß die sozialen oder familiären Verhältnisse den Rückfall eines jungen Straftäters schon programmierten, nahm sie ihn unter Umständen an Kindes Statt mit nach Hause.

Dabei erlebte sie viele Enttäuschungen, aber auch das unbeschreibliche Glück, einem jungen Menschen den Weg in ein gutes, sinnerfülltes Leben ebnen zu können. Sie adoptierte zum Beispiel einen Sechzehnjährigen, der alle Eigentumsdelikte, vom Buntmetalldiebstahl bis zum schweren Einbruch, auf dem Kerbholz hatte. Dank ihrer zähen Mütterlichkeit erzog sie den einstigen Kriminellen zu einem ehrlichen, ordentlichen Menschen. Als ich ihn kennenlernte, studierte er schon an der Arbeiter-und-Bauern-Fakultät. Heute ist er Arzt und Familienvater.

Obwohl Elisabeth Samain ein äußerst bescheidener Mensch war, der jede Form von Auffälligkeit oder gar Egozentrik verabscheute, blieb ihre unorthodoxe Art, Recht zu sprechen und Gerechtigkeit selbst zu praktizieren, nicht unbemerkt. Schon 1958 setzte die Schriftstellerin Inge von Wangenheim der bedeutenden Jugendrichterin und ihrem erfolgreichen Zögling mit dem Roman »Einer Mutter Sohn« ein Denkmal.

Das Gerichtsgebäude in der Littenstraße wurde ab 1954 zu meinem zweiten Zuhause. Unter Anleitung meines Freundes Rudolf Hirsch schrieb ich meinen ersten Gerichtsbericht über einen schlichten Hühnerdiebstahl, den zwei Jugendliche »aus Quatsch und Dollerei« begangen hatten. Nun fehlte mir nur noch eine Zeitung, die sich zum Abdruck bereit fand. In der Kneipe »Zur letzten Instanz« ermittelten Rudi und ich, daß allein die »National-Zeitung« ohne festen Gerichtsreporter war. Mit der Unbekümmertheit meiner 19 Jahre bot ich der Redaktion den vierzigzeiligen Erstling »Zwei Küken und neun Hühner« sowie meine regelmäßige Mitarbeit an. Beides wurde prompt und ohne Überprüfung von Kaderakten akzeptiert.

Von nun an gehörte ich zum Clan der bis dahin ausschließlich männlichen Gerichtsreporter und hatte meinen festen Platz am Stammtisch. Hier saßen wir oft und warteten: auf den Fortgang einer unterbrochenen Verhandlung, auf die Vernehmung eines säumigen Zeugen, auf eine Urteilsverkündung und manchmal auch nur auf Godot. Es war angenehm, mit den Kollegen Bier zu trinken, Witze und Alltagserlebnisse zu erzählen.

Eines sonnigen Maientages im Jahre 1956 sagte Rudolf Hirsch: »Weißt du, deine Gerichtsberichte sind ja nicht schlecht. Aber so gut sind sie auch nicht, als daß die Menschheit nicht leicht auf sie verzichten könnte. Wie wärs, wenn du einmal eine deiner originellen Beobachtungen aufschriebest?«

Ich hatte meinen Kollegen gerade von einer sich anbahnenden Identitätskrise berichtet, weil ich ständig von x-beliebigen Leuten mit x-beliebigen anderen jungen Mädchen verwechselt wurde. Im Vertrauen auf Rudis Ratschlag schrieb ich meine Erlebnisse auf. Er las das kleine Manuskript »Ich habe ein Dutzendgesicht« mit wachsendem Vergnügen und sagte mit dem Stolz des Entdeckers: »Da hast du aber ein hübsches Feuilleton geschrieben! Und das schickst du jetzt gleich an den ›Eulenspiegel‹.«

Beseligt fuhr ich nach Hause und schlug erst einmal im Lexikon nach, was ein Feuilleton eigentlich sei. Dergleichen hatte mir während meiner Lehrzeit keiner gesagt. Ich begriff, daß man sich der Theorie auch auf dem Umweg über die Praxis nähern kann.

Hier der Beweis:

Ich habe ein Dutzendgesicht

Es ist ja wohl gar nicht so übel, im Gegensatz zu anderen Serienprodukten, aber lieber wären mir offen gestanden eine schwungvolle Adlernase oder ein energisches Kinn. So aber sehe ich aus, wie Lieschen Bratfisch aussieht oder wie Fräulein Tillermeyer in ihrer Jugend ausgesehen haben muß.

Ein solches Gesicht ist schicksalhaft. Mit der nötigen ruhevollen Sicherheit kann man auf diese Weise Einblick in zahllose Leben nehmen. Hätte ich jenen Herrn aufzuklä-

ren brauchen, der mir an der Weidendammer Brücke weinend vor die Füße fiel? »Tus nicht«, hatte er geschrien, »ich weiß, es ist von mir, und ich bin ein Lump, und ich will ja auch zahlen, aber sags nicht meiner Frau!« Er war so unglücklich, daß er das Ganze nun noch einmal wiederholen muß.

Schwieriger wurde es schon, als ich einmal als Zuhörerin an einem Prozeß teilnahm. Der Angeklagte hatte mich die ganze Zeit über fixiert. Ich konnte ihn beim besten Willen nicht in meinem Bekanntenkreis unterbringen. Als mich auch noch die Blicke seiner Entlastungszeugen durchbohrten, schwante mir Böses. In einer Prozeßpause wollte ich mich verdrücken. »Hierjebliem wird«, raunte mir jemand ins Ohr, »wir wolln bei deine Himmelfahrt ooch bei sein, du dreckje Anjeberin!« Es gelang mir, mich im weitverzweigten Gerichtsgebäude bis zum nächsten Morgen versteckt zu halten.

An den herzhaften Schlag auf die Schulter, mitten auf der Straße von völlig Unbekannten verabreicht, habe ich mich inzwischen gewöhnt.

Neulich sagte ein fremder Herr zu mir, es sei nicht recht, wegen der kleinen Prügelei die beleidigte Leberwurst zu spielen. Ob ich nicht doch mitkommen wolle, zu Hause warte man schon. Ehe ich noch eine höfliche Entschuldigung stammeln konnte, saßen wir bereits im Taxi. Als wir ankamen, waren viele Gäste versammelt. Teilnahmsvolle Liebe wehte mir entgegen, ein jeder trank Versöhnung mit mir. Es mußte eine schreckliche Prügelei gewesen sein. Ich entkam der Veranstaltung durch ein Toilettenfenster.

Gestern sprach mich ein Herr in der U-Bahn an. »Was

gibts heute abend zu essen?« fragte er mürrisch. »Verzeihung«, murmelte ich im ersten Schreck, »ich bin nicht, für wen Sie mich halten.« »Das hättest du mir vor der Hochzeit sagen sollen«, seufzte mein Mann und entfaltete die Zeitung.

Schon nach einer Woche erhielt ich Antwort vom »Eulenspiegel«. Damals wurde nicht nur bei der Post, sondern auch in manchen Redaktionen bemerkenswert flott gearbeitet. Das äußerst freundliche Schreiben war von einem meiner Favoriten der satirischen Zunft unterzeichnet: **Hansgeorg Stengel**. Er teilte mir mit, mein Feuilleton befinde sich bereits im Druck und ich möge, falls ich in angemessenen Grenzen hübsch sei, doch gelegentlich bei ihm vorsprechen. Und zwar zum Zwecke des Vertragsabschlusses über ständige Mitarbeit an der einzigen Zeitschrift für Humor und Satire in der DDR.

Ich war vor Glück ganz aus dem Häuschen. Nie hätte ich zu hoffen gewagt, in die Phalanx so exzellenter Autoren wie Lothar Kusche, Carl Andrießen, Lothar Creutz, John Stave, Jo Schulz, Nils Werner und Alf Scorell aufgenommen zu werden. Um dem gestrengen Literaturpapst Stengel auch äußerlich meine Reverenz zu erweisen, borgte ich mir Geld für ein elegantes neues Kleid und ließ mir die damals hochmodische Mäckie-Frisur verpassen. Dann begab ich mich zitternd in das Haus meiner Träume in der Kronenstraße.

Stengel maß mich aus lichter Höhe mit onkelhaftem Wohlwollen, interessierte sich weniger für meinen Ausbildungsweg mit allen belegbaren Holperstellen als vielmehr dafür, wie ich wohl mit meinem zwei Monate alten Töchterchen Tanja allein zurechtkam und zerstreute so alle meine Ängste und Zweifel. Als ich schon sicher war, eine neue, über die Maßen interessante redaktionelle Heimstatt gefunden zu haben, stellte er beiläufig die Frage: »Können Sie eigentlich dichten? Genauer gesagt: reimen?«

Mir brach kalter Schweiß aus. Sollte ich lügen? Aber wozu? Glaubte ich in jugendlicher Unerfahrenheit doch noch, nichtvorhandenes Talent lasse sich so wenig verbergen wie eine schiefe Nase. Also gestand ich mein poetisches Unvermögen. Darauf Stengel: »Dann können Sie bleiben. Dichten kann hier jeder Idiot.«

Um das Ereignis aktenkundig zu machen, führte mich Stengel ins Zimmer des Chefredakteurs **Heinz H. Schmidt**. Er war ein wunderbarer Mensch: charmant, witzig, ein Ritter ohne Furcht und Tadel. Als kommunistischer Parteijournalist und Widerstandskämpfer war er den Faschisten in die Hände gefallen und hatte Zuchthaus und Konzentrationslager überlebt. Aber sein Humor war ungebrochen, ebenso sein sprichwörtlicher Wagemut. Engstirnigkeit und Dogmatismus brachten ihn auf die Palme, und dortselbst versuchte er dann, das Übel mit satirischen Mitteln zu bekämpfen. Seine manchmal geradezu tollkühnen Attakken mußten in den schwierigen fünfziger Jahren zwangsläufig zu Kollisionen führen. Als Heinz H. Schmidt die Chefredaktion des »Magazins« in die bewährten Hände von Hilde Eisler übergab und zum »Eulenspiegel« überwechselte, war er bereits mehrmals aus leitenden Positionen gefeuert worden. Wenn ihn ängstliche Mitarbeiter daran erinnerten, pflegte er zu kontern: »Den Helm eines guten Genossen zieren viele Beulen. Einige davon sind auch vom Gegner.« Er war und blieb für uns der selbstlose, lautere Kommunist, ein ganz und gar unheldisches Vorbild.

Den Blickfang in Schmidts Zimmer stellte ein Spruchband über seinem Schreibtisch dar, auf dem in schönster Kalligraphie die Worte prangten: »Wer den Pfennig ehrt, is keen' Taler wert.«

Den höchst sympathischen Gehalt dieser Losung sollte ich begreifen, als mir Heinz Schmidt den Vertragstext zur Unterschrift vorlegte. Dort stand geschrieben, daß mir allein für die Bereitschaft, dem »Eulenspiegel« das Vorkaufsrecht für alle meine satirischen und humoristischen Arbeiten einzuräumen, ein monatliches Fixum von 300 Mark zustünde. Obwohl ich noch ein blutiger Anfänger war, wurde mir ein Exklusiv-Vertrag mit dieser für meine Verhältnisse geradzu schwindelerregenden Summe angeboten. Mir war, als äffte mich ein Spuk. Hochroten Kopfes schob ich das Formular zurück und stotterte: »Das kann ich doch nicht annehmen!«

Aber Heinz Schmidt beruhigte mich. »Nimms ruhig, Mädchen, ich gebs dir aus ganz egoistischen Gründen. Sieh mal, wer gutes Geld verdient, hat gute Laune, und wer gute Laune hat, schreibt besser.« Leider hat sich dieser verblüffend einleuchtende Gedankengang in unserer Presselandschaft nicht durchsetzen können.

Dann kam Heinz Schmidt auf meinen Namen zu sprechen. Es handelt sich um einen angestammten Doppelnamen, den ich von zahllosen Vorvätern ererbt habe. Zeit meiner Kindheit und Jugend hatte ich darunter gelitten, ständig mit dem »Moritz« gehänselt zu werden. Gleich bei meiner ersten Veröffentlichung im »Eulenspiegel« wollte ich das alberne Anhängsel loswerden, weshalb ich das erwähnte Feuilleton lediglich mit Renate Holland unterschrieb. Damit war Heinz Schmidt nun aber gar nicht einverstanden.

»Du willst doch bekannt werden«, argumentierte er, »das will nämlich jeder, der sich in die Öffentlichkeit begibt. Erfahrungsgemäß prägen sich aber nur besonders verrückte Namen ein. Denk mal an das Haarwuchsmittel, das nie ein Härchen hat sprießen lassen, dessen Name aber jedem Kind geläufig ist: Exlepäng!« Das überzeugte mich, und es blieb bei meinem ehrlichen, standesamtlich verbürgten Doppelnamen.

An diesem denkwürdigen Tag stand ich auch zum erstenmal dem bedeutenden Zeichner, Maler und Karikaturisten **Kurt Klamann** gegenüber.

Speziell wegen seiner sogenannten galanten Blätter, die ausschließlich den schönen, hüllenlosen Körpern junger Damen huldigten, hielt sich Kuddel seit Jahren an der Spitze der Beliebtheitsskala aller »Eulenspiegel«-Zeichner. Trotz seiner neunundvierzig Jahre wirkte er jung und attraktiv, und es war ein offenes Geheimnis, daß er dem schönen Geschlecht, unter besonderer Berücksichtigung junger und jüngster Jahrgänge, hoffnungslos verfallen war.

Mir stockte schier das Blut in den Adern, als mir Kuddel seine kräftige Seefahrerpranke auf die Schulter legte und in keineswegs väterlichem Tonfall fragte: »Nun, mein Kind, wie alt bist du denn?«

Ich war gerade 21 geworden und bekannte es ohne Scheu. Da nahm Kuddel die Hand von mir und sagte traurig: »Schade – zu alt!«

In rascher Folge wurden nun Kurzgeschichten, Glossen und Feuilletons von mir veröffentlicht. Doch schon bald mußte ich begreifen, daß allein Schnoddrigkeit und eine gewisse Beobachtungsgabe nicht ausreichten für die nicht mehr nur journalistischen, sondern schon literarischen Arbeiten. Immer häufiger bekam ich Manuskripte zurück, auf die mein Lehrmeister in seiner bekannten unfeinen stenglischen Art geschrieben hatte: »Husch, husch – ins Körbchen!« oder »Blamieren Sie sich damit lieber bei einer anderen Redaktion!«

Als mich Stengel einmal heulend über einem solchen Verdikt vorfand, reagierte er nicht etwa mitleidig, sondern mit eisiger Strenge. »Wir machen hier eine satirische Zeitschrift, das heißt, wir teilen Schläge aus. Wer sich dergleichen anmaßt, muß erst einmal Schläge einstecken lernen. Mimosen können wir nicht brauchen!«

Ich wollte aber gebraucht werden, und ich wollte das Vertrauen derer, die mir eine so große Chance gegeben hatten, nicht enttäuschen. Folglich studierte ich mit heißem Bemühn die Olympier unserer Zunft wie Tucholsky, Polgar, Kisch, nahm Stilistik-Unterricht beim seligen »Fackel«-Kraus und mußte es dennoch immer und immer wieder erleben, daß mich Stengel bei falschen Bezügen und falsch angewandtem Konjunktiv erwischte.

Obwohl ich auch weiterhin als Gerichtsreporter für die »National-Zeitung« arbeitete, hatte ich nun nicht mehr genug Zeit für regelmäßige Prozeßbesuche. Eines Tages stand ich vor der peinlichen Tatsache, einen Gerichtsbericht liefern zu müssen und keinen authentischen Fall zu haben. Ich erinnerte mich, daß wir uns jeweils vor Silvester und Fasching eines journalistischen Kavaliersdelikts schuldig gemacht hatten.

In solchen Zeiten wünschten sich unsere Redaktionen weniger die Geißelung krimineller Großtaten, als vielmehr zwerchfellbewegende Schmonzetten über möglichst harmlose Galgenvögel. Dergleichen kam im Gerichtsalltag durchaus vor, aber leider nicht immer termingemäß. Wir hockten dann wie die Verschwörer beisammen und dachten uns die entsprechenden Prozesse einfach aus. Es handelte sich um Bagatellfälle vor einer imaginären Zivilkammer, und unsere Urteile waren immer von herzergreifender Milde. Da wir den Erscheinungstermin unserer Phantasieberichte gründlich abstimmten, kamen uns weder die Redakteure noch die Leser auf die Schliche. Richter und Staatsanwälte hingegen wußten von unseren Nöten und befanden sich stillschweigend und schmunzelnd mit uns im Komplott.

Was so oft im Kollektiv geklappt hatte, wollte ich nun als Einzeltäter praktizieren. Im Blätterwald gab es gerade eine Woche der Verkehrserziehung, und ich glaubte, der Kampagne mit einem Bericht über die Aburteilung eines betrunkenen Kraftfahrers dienen zu können. Dummerweise hatte ich hier wohl zuviel menschliches Verständnis an den

Tag gelegt, denn mein blitzeblauer Angeklagter kam gar mit zwei blauen Augen davon. Das veranlaßte den obersten Verkehrsstaatsanwalt, sich persönlich bei meiner Redaktion nach den genauen Daten des allgemein unbekannten Prozesses zu erkundigen. Meine höchst fragwürdige private Rechtsprechung machte nämlich die Kassation des Urteils dringend notwendig. Nun war es an mir, ein volles Geständnis abzulegen. Die gerechte Strafe bestand im Entzug meiner Akkreditierung als Gerichtsreporter.

Speziell in den fünfziger Jahren war der Presse-Club nicht nur ein Treffpunkt für Journalisten, sondern auch für viele Künstler der Hauptstadt. Das hatte sowohl mit der äußerst günstigen, weil zentralen Lage (gegenüber dem Bahnhof Friedrichstraße), als auch mit der guten Küche und dem allsonnabendlichen Tanzvergnügen zu tun. Geblieben ist allein die zentrale Lage.

Damals gab es noch den Posten des sogenannten Clubwarts, der den Einlaß kontrollierte und für die Sicherheit der Garderobe haftete. Ein besonders strenger Zerberus war Herr Jacke, von allen nur Clubjacke genannt. Er wachte mit Argusaugen darüber, daß nicht etwa unbefugte Personen das Etablissement entweihten. Befugt waren lediglich ausgewiesene Journalisten und deren mitgeführte Gäste sowie Mitglieder der verschiedenen Künstlerverbände.

Seit ich Anfang 1953 in die stolzen Reihen des Presse-Verbandes aufgenommen worden war, besuchte ich den Club so oft wie möglich. Hier konnte man ungestört essen, Zeitung lesen oder schreiben, und das alles im Dunstkreis berühmter, ja sogar weltberühmter Künstler.

Schon nach wenigen Monaten hatte ich den Gipfelpunkt meiner Stammgastkarriere erklommen: Clubjacke verzichtete nicht nur großmütig auf Vorlage meines Verbandsausweises, er begrüßte mich sogar mit Handschlag. Diese Gnade hatte ich wohl weniger meinem jugendlichen Charme, als

vielmehr dem regelmäßig entrichteten Trinkgeld zu danken, das ich mir eigentlich gar nicht leisten konnte.

Als ich eines Tages wieder einmal an seiner Garderobe stand, um ihm Obolus und Mantel in die zum Gruß ausgestreckte Hand zu drücken, betrat ein Mann in grau-blauer Montur das Foyer. Er guckte nicht nach rechts noch nach links, sondern steuerte zielstrebig das große Club-Restaurant an. Clubjacke ließ meinen Mantel fallen, hechtete über den Tresen und verbarrikadierte mit seiner ganzen Amtsperson den Eingang.

»Ihren Ausweis!« schnarrte er unliebenswürdig.

»Ich habe keinen Ausweis bei mir«, antwortete der Mann in ebenso scharfem Tonfall.

Clubjacke maß den Eindringling im Chinesen-Look mit verächtlichen Blicken von oben bis unten. »Natürlich nicht«, konterte er mit der Süffisanz eines Kriminalbeamten, der soeben einen Verbrecher auf frischer Tat gestellt hat.

Nun reichte es dem Gemaßregelten. »Lassen Sie mich gefälligst durch«, sagte er wütend. »Mein Name ist **Paul Dessau**, und seit einer halben Stunde wartet Bert Brecht auf mich.«

»Es ist mir ganz wurscht, wie Sie und Ihre Bekannten heißen«, donnerte Clubjacke, »ohne entsprechenden Ausweis kommen Sie hier nicht rein. Das wäre ja noch schöner!«

Offenbar hatte Paul Dessau weder Lust noch Nerven, sich derlei preußische Kommißknoppmanieren bieten zu lassen, jedenfalls drehte er sich brüsk um und verließ die ungastliche Stätte. Die Szene hatte mich so entsetzt, daß ich wie versteinert dastand und Clubjacke mit weitaufgerissenen Augen anstarrte. Diese, wie ihm schien, ehrfurchtsvolle Reaktion ließ ihn seinen Sieg über eine ausweislose Unperson erst richtig genießen. »Keine Sorge, Frolleinchen«, sagte Clubjacke mit jovialer Herablassung, »solange ich hier was zu sagen habe, betritt kein Heizer den Presse-Club!«

Die wirkliche Heimat der Berliner Journalisten war jedoch nicht der Presse-Club, sondern der »Spaten« in der Französischen Straße, unmittelbar neben dem »Café Praha« (heute »Altes Café«) gelegen. In den Jahren von 1953 bis 1955 genoß ich das Privileg, einer Stammtischrunde berühmter Kollegen anzugehören, an ihrer Spitze der Gerichtsreporter **Cobra**. Dieser sehr begabte junge Mann, dessen regelmäßig erscheinende Gerichtsberichte in der »Berliner Zeitung« zur Lieblingslektüre der Berliner gehörten, war ein leidenschaftlicher Trudler (zu deutsch: Würfelspieler). Die von ihm bevorzugten Disziplinen hießen Chicago und Macke, und wer hintereinander drei Runden verlor, mußte eine Tisch-Lage schmeißen. Nicht sachbezogene Gespräche oder gar die Einnahme von Mahlzeiten hatten vor Spielbeginn zu erfolgen, andernfalls wurde Cobra fuchsteufelswild. Als ich mir einmal erlaubte, mit einem Kollegen am Nebentisch ein paar Worte zu wechseln, blaffte mich Cobra an: »Halt die Klappe und konzentrier dich gefälligst aufs Trudeln, schließlich sitzen wir hier nicht zum Vergnügen!«

Die originellste Persönlichkeit unserer Tischrunde war **Erich Schmitt**. Er erschien regelmäßig gegen Mittag, wenn er nämlich seine aktuelle politische Karikatur in der Redaktion der »Berliner Zeitung« abgeliefert und die Idee für die Zeichnung des nächsten Tages besprochen hatte.

Onkel Erich, wie er liebevoll genannt wurde,

war im Gegensatz zu seinem Freund Cobra immer guter Laune. Außerdem kannte er eine Unzahl von Witzen und konnte sie wie kein zweiter erzählen. Daß sich sein Repertoire ständig vergrößerte, lag am Ehrgeiz all seiner Bekannten. Selbst Leute, die normalerweise kein Gedächtnis für Witze hatten, machten sich in besonderen Fällen Notizen, um Onkel Erich eventuell doch einmal mit einer Novität zu überraschen. Wenn es glückte, revanchierte er sich mit einer Molle und einem Korn. Immer wieder belästigte ich Onkel Erich mit der Bitte, mir meinen Lieblingswitz noch einmal zu erzählen. Der ging so: Ein kleiner Junge fährt auf seinem Roller in rasendem Tempo ums Karree. Seine Mutter guckt aus dem Fenster und beobachtet ihren tollkühnen Sproß ängstlich. Bei der zweiten Runde ruft der Steppke: »Kiek ma, Mutta, ich kann schon mit eene Hand fahren!« Bei der dritten Runde: »Kiek ma, Mutta, jetzt kann ick schon freihändig!« Und bei der vierten: »Mutta, Mutta, jetss kann ick sson ohne Ssähne!«

Der überwältigende Gag bestand darin, daß Erich vor dem letzten Satz seine Prothese aus dem Mund nahm und nun wirklich das Urbild eines kleinen zahnlosen Berliners abgab.

Manchmal besuchte uns Erichs Frau Käthe am Stammtisch. In ihrer ruhigen, mütterlichen Art war sie ein wundervolles Pendant ihres sprudelnden, zu jeder Albernheit aufgelegten Mannes. Wir alle hatten Käthchen gern, weshalb wir Erich seine Eskapade mit Else besonders übelnahmen. Obwohl wir besagte Else nie gesehen hatten, wußten wir doch alles über sie, denn sie war lange Zeit Erichs Gesprächsthema Nr. 1. Allerdings immer nur, wenn Käthchen nicht zugegen war. Diese Else mußte ein wahres Wunder an Schönheit, Geist und Moral sein. Letzteres mochten wir jedoch nicht recht glauben, denn schließlich hatte sie ja ein Verhältnis mit einem verheirateten Mann.

Eines Tages kam Onkel Erich mit einem schwarzen Trauerflor am Ärmel in den »Spaten«. Er setzte sich schweigend an den Tisch, bestellte stumm sein Bier und sah uns mit den Augen eines weidwunden Rehs an. Keiner wagte eine Frage. Endlich brach es aus ihm heraus: »Elschen is dot! In der Blüte ihrer Jahre is Elschen von meine Seite jerissen worden!«

Wir waren erschüttert. Wenn wir Erichs außereheliches Techtelmechtel auch nie gebilligt hatten, so tat er uns jetzt doch in der Seele leid. Selbstverständlich respektierten wir seinen Schmerz und verschonten ihn mit der Bitte um neue Witze. Cobra schlug ein Elschen-Gedenk-Trudeln vor, das wir aus Gründen der Pietät leise und ohne die üblichen Anpflaumereien absolvierten. Nach einiger Zeit bemerkten wir zu unserer Freude, daß Erich langsam wieder der Alte wurde und sich offensichtlich mit dem Verlust abzufinden begann.

Jahre später brachte ich die Rede noch einmal auf die tote Else. Onkel Erich guckte erst eine

Weile verständnislos, aber dann erlitt er einen solchen Lachkrampf, daß ich nicht nur an seinem Verstand, sondern auch an seinem menschlichen Anstand zweifelte.

»Wat denn«, prustete er, »bist du denn ooch uff die Schtory rinjefallen? Mensch, Mädel, die Else hab ick doch erfunden, Mann!«

»Aber warum denn nur, um Himmels willen?«

»Det liegt doch uff de Hand«, antwortete Erich ein wenig verlegen, »damit ihr nich denken solltet, ick bin als eenzjer zum Fremdjehn zu dämlich.«

»Und warum hast du sie dann sterben lassen?«

Erich grinste. »Weil ick mal ne Zeitlang meine Ruhe vor euch haben wollte. Außadem war damals jrade Flaute in meine Witzkiste.«

Mindestens einmal wöchentlich begrüßten wir als Ehrengast unserer Stammtischrunde die bekannte Schriftstellerin **Dinah Nelken**. Sie kam allerdings weniger aus eigenem Antrieb, als vielmehr im Interesse ihres Mannes und Managers Hein Ohl. Mit seiner Gesundheit stand es nicht zum besten, und er hatte ärztliche Order, dem Alkohol tunlichst aus dem Wege zu gehen. Da er sich aber in unserer Kneipe besonders wohl fühlte und so gern mit uns trudelte, mochte ihm Dinah die Freude nicht nehmen. Ihre Anwesenheit war als Schutzmaßnahme gedacht, damit er das Limit von einem Bier pro Nachmittag nicht überschritt.

Mit diesem Bier also ging Hein Ohl sehr sparsam um. Wenn er es etwa zu einem Drittel geleert hatte, ertönte regelmäßig die Stimme des »Spaten«-Wirts Alex Krause: »Heinrich, du wirst am Telefon verlangt!«

Dann wurde das Würfelspiel unterbrochen, und Hein Ohl verschwand in der schalldichten und fensterlosen Telefonzelle in einer Ecke des Gastraumes. Wenn er zurückkam, teilte er seiner Frau Dinah kurz und knapp mit, wer angerufen habe. Längere Ausführungen unterband Cobra mit dem Hinweis, nun müsse unverzüglich weitergetrudelt werden. Schließlich saßen wir nicht zum Vergnügen da!

Dummerweise wurde Hein Ohl noch mehrmals ans Telefon gerufen, und nach jedem Telefonat verließ er die Zelle etwas fröhlicher und aufgekratzter. Auch Dinah Nelken entging das nicht, und sie sagte oft kopfschüttelnd: »Früher brauchte er wenigstens sechs Schnäpse, um so in Fahrt zu kommen, heute genügt schon ein einziges Bier. Der Junge verträgt überhaupt nichts mehr!«

Damit lag sie nun allerdings schief, denn bei exakt drei Anrufen hatte Hein Ohl auch seine sechs Schnäpse intus. Einem geheimen Abkommen zwischen ihm und Alex Krause zufolge standen auf einer kleinen Ablage in der Telefonzelle jeweils zwei Kognaks, die Hein Ohl genüßlich trank, während er den Hörer ans Ohr preßte und dem Fräulein von der Zeitansage lauschte.

Einer der bedeutendsten Zeichner, die damals zum Mitarbeiterstab des »Eulenspiegel« gehörten, war **Herbert Sandberg**. Ich empfand größte Hochachtung vor diesem Mann, der viele Jahre im Konzentrationslager gelitten hatte und die Schrecken deutscher Vergangenheit in eindrucksvollen grafischen Blättern künstlerisch zu bewältigen versuchte. Mich rührte Sandbergs große Herzlichkeit und die unvoreingenommene Art, mit der er sich jungen, unerfahrenen Leuten wie mir zuwandte. Die Witzeleien über seine angebliche Eitelkeit und seinen Geiz hatte ich nie ernst genommen.

Als ich eines Mittags das Redaktionsgebäude in der Kronenstraße verließ, stieß ich fast mit Sandberg zusammen. Obwohl er offenkundig auf dem Weg zu einem unserer Redakteure war, lud er mich spontan zum Mittagessen in den Kulturbund-Club in der Nuschkestraße ein, kurz Nuschke-Club genannt.

Die Einladung ehrte mich nicht nur, sie kam mir auch wie gerufen, denn meine gesamte Barschaft bestand aus genau 20 Mark. Im Vertrauen auf Sandbergs Liquidität bestellte ich mir ein großes Steak mit Champignons und zum anschließenden Kaffee auch noch einen Kognak der edlen Marke Hennessy. Es verwunderte mich allerdings ein wenig, daß Herbert für sich selbst lediglich eine Brühe mit Schrippe sowie eine Selters verlangte, aber er verwies auf seinen kranken Magen und wünschte wenigstens mir besten Appetit. Den

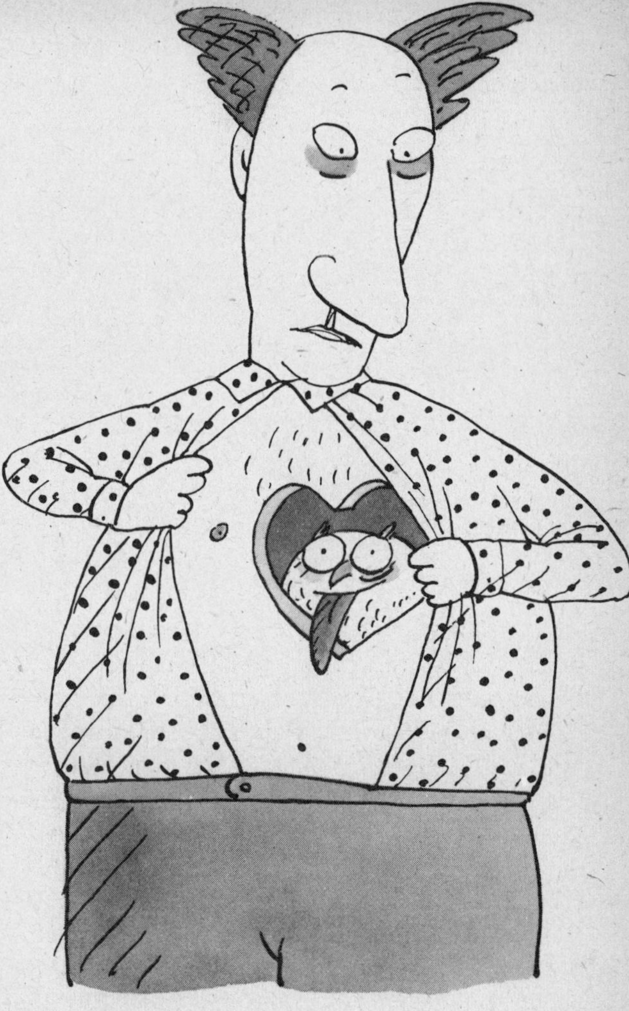

hatte ich auch, und mindestens eine Stunde lang genoß ich die lukullischen und geistigen Genüsse, die er mir bescherte.

Schließlich kam der Oberkellner, und mein Gastgeber diktierte, was er zu zahlen bereit war: eine Brühe, eine Schrippe, eine Selters. Die Rechnung, die für mich übrigblieb, belief sich auf 19,80 Mark. Erbleichend zog ich den Zwanzigmarkschein aus der Tasche. Das lächerliche Trinkgeld von zwanzig Pfennigen nahm mir sogar die Möglichkeit, mit einem öffentlichen Verkehrsmittel nach Hause zu fahren.

Verwirrt und beschämt verabschiedete ich mich von Sandberg und lief in Richtung Friedrichstraße, ständig hoffend, mir möge irgendein kreditwilliger Bekannter über den Weg laufen. In solchen Fällen trifft man natürlich keine Menschenseele, weshalb ich mit dem Mut der Verzweiflung den Presse-Club ansteuerte. Hier saßen zu meinem Entzücken meine verehrte Freundin **Berta Waterstradt** und die bezaubernde angelsächsische Zeichnerin **Elizabeth Shaw**. Ich berichtete den beiden von meinem kostspieligen Erlebnis mit Herbert Sandberg, und sie wollten sich schier totlachen über meine Ahnungslosigkeit. Immerhin borgte mir Berta genügend Geld, so daß ich bis zur nächsten Honorarzahlung durchhalten konnte.

Als ich zu Hause ankam, klingelte das Telefon. Herbert Sandberg war soeben im Presse-Club eingetroffen und hatte sich von Berta und Elizabeth wüste Beschimpfungen über seinen Geiz anhören müssen. Er entschuldigte sich tausendmal, schwor, die Sache sei ganz allein seiner bekannten Verhuschtheit zuzuschreiben und lud mich aus Gründen der Wiedergutmachung zu einer Flasche französischen Sekt ein. »Ich danke dir für das hochherzige Angebot«, sagte ich honigsüß, »aber französischen Sekt kann ich mir vorläufig noch nicht leisten!«

Im Sommer 1957 begab ich mich mit meinem ersten Mann auf Hochzeitsreise ins Ostseebad Binz. Die Kosten für den vierzehntägigen Honigmond trug im wesentlichen die Gewerkschaft, wir hatten nur den geringen Obolus von 30 Mark pro Person zu entrichten. Uns ging es also gut, wir lebten sorglos in den sonnigen Tag hinein und verschickten fröhliche Ansichtskarten. Auch meiner Redaktion teilte ich mit, daß wir – wo das Kreuz ist – schliefen und ansonsten den Klabautermann einen guten solchen sein ließen. Ich beendete den Kartengruß mit der bei Tucholsky entlehnten Alberei: »Eure mit beiden Beinen am Hungerbrokat nagende Renate.«

Wenige Tage später zahlte mir der Binzer Geldbriefträger 100 Mark aus. »Eulenspiegels« Redaktionssekretär **Hans-Werner Tzschichhold** hatte den harmlosen Scherz für den Hilferuf einer verzweifelten Urlauberin gehalten und mir telegrafisch einen Vorschuß überwiesen. Die hochherzige Geste rührte mich dermaßen, daß ich einen Tag lang auf des Meeres und der Liebe Wellen pfiff und statt dessen eine Kurzgeschichte für den »Eulenspiegel« schrieb. So hatte sich Heinz Schmidts Theorie von der veredelnden Wirkung materieller Großzügigkeit wieder einmal bewahrheitet.

Daß die fünfziger Jahre nicht nur golden waren, weiß jeder, der sie durchlebt und durchlitten hat. Ich erhielt im Frühsommer 1959 den redaktionellen Auftrag, über ein Unternehmen mit dem poetisch-lukullischen Namen »Milchader Berlin« zu schreiben. Es handelte sich dabei um die Trockenlegung des versumpften Havel-Rhin-Luchs im Bezirk Potsdam. Ich erklärte den Tatbestand in meiner Reportage »Die Buschmänner des 20. Jahrhunderts« (Heft 33/59) lax und verständlich so: »Noch bevor sich das Ministerium für Außenhandel entschließen konnte, in Zukunft auch Heu zu importieren, kamen kluge Leute auf die Idee, durch das Sumpfgebiet breite Gräben zu ziehen, in denen sich das überflüssige Wasser sammeln kann. Der Gedanke war einfach – die Ausführung mitnichten, denn bekanntlich herrscht bei uns das Gegenteil von Arbeitslosigkeit. Doch das Projekt ist wichtig, hülfe es uns doch, in der Milchproduktion annähernd so Großes zu leisten, wie wir es beispielsweise in der Alkoholproduktion schon erreicht haben ...«

Da die gewaltige Aktion zum Jugendobjekt – wie schon vorher die »Friedländer Wiesen« und die »Wische« – erklärt worden war, schrieb ich weiter: »Die ganze Sache kam der FDJ äußerst gelegen. Immer und immer wieder waren ihre Funktionäre kritisiert worden, weil sie zuwenig Rücksicht auf die Abenteuerlust der Mitglieder nähmen. Nun, hier bot sich eine Chance.«

Und nun lobte ich in eulenspiegelgemäßer, also sarkastischer Weise die Anstrengungen des sogenannten Kampfstabes der »Milchader«, für den Abenteuerlustgewinn der Jugendlichen Sorge zu tragen, und zwar mit Hilfe fehlkonstruierter Zelte, schmutziger Decken, mangelhafter Wasch- und Sanitäranlagen sowie einer unsäglichen Wochenzeitung namens »Unsere Milchader«. Eine kleine Kostprobe aus diesem Wunderblatt, einem Leitartikel entnommen, der sich mit dem Foto dreier Grabenschaufler beschäftigte, möge genügen: »Den Blick tragen sie nach vorn, und der letzte, der die Mütze verwegen in den Nacken geschoben hat, blickt, das Tuch der Weltfestspiele um den Hals geschlungen, voller Freude in die Zukunft. ›Na?‹ fragt der zweite in seinem Blick, ›und du willst uns aufhalten?‹ ..., und der Kleinere vorn schaut trotzig nach vorn.«

So viel Vorne-weg-Pathetik forderte satirische Gegenmaßnahmen einfach heraus. Nachdem ich die schludrige Arbeit der Funktionäre genügend auf die Hörner genommen hatte, endete meine Reportage zugunsten der fleißigen FDJ-Brigaden: »Wenn alle Gräben fertig sind – und dies wird in zwei Jahren der Fall sein –, kann allein das LPG-Kombinat Kremmen seinen Rinderbestand von 300 auf 1000 Stück erhöhen. Eigentlich ist es eine Schweinerei, daß sich so viele Menschen für Kühe abrackern. Aber die Frucht dieser Arbeit wird mehr Fleisch, Milch, Butter und Käse sein. Und für dieses Ziel nehmen die Buschmänner des 20. Jahrhunderts jede Menge Romantik in Kauf.«

Diese Töne nun waren den Mitarbeitern des Kampfstabes zu schnoddrig. Sie bestellten das Redaktionskollegium unter der Leitung unseres damaligen Chefredakteurs **Peter Nelken** zu einer Aussprache und machten mir im Tanzsaal eines Dorfgasthofes öffentlich den Prozeß. Man unterstellte mir feindliche Motive und behauptete gar, ich habe mich über den Heldenmut der Jugendlichen lustig gemacht. Besonders hitzig attackierte mich ein gewisser Hans-Dieter Lindstedt, Redakteur von »Unsere Milchader« und Autor obenstehender journalistischer Kostbarkeit. In einem weiteren Leitartikel polemisierte er gegen meine Reportage, die seiner Ansicht nach voller Fehlinformationen sei. »Es waren nämlich nicht ›kluge Leute‹, die auf die Idee kamen, ›durch das Sumpfgebiet breite Gräben zu ziehen‹, sondern die Mitglieder des Politbüros«, schrieb er.

Nachdem ich die Mitglieder des Tribunals auf diesen Lapsus aufmerksam gemacht hatte, schlug die Stimmung spürbar um. Doch meine satirische Rüpelei wurde trotzdem geahndet, und zwar mit zwei Monaten »Milchader« ohne beziehungsweise zwecks Bewährung.

Als ich ankam, hatten sich die Wogen vollends geglättet. Ich wurde angewiesen, aus dem unfreiwilligen Witzblatt »Unsere Milchader« eine lesbare Zeitung zu machen. Lindstedt hatte den Laufpaß bekommen. Inzwischen hat er sich in die BRD abgesetzt und kübelt Schmutz auf seine ehemalige Heimat.

In dem kleinen Redaktionsstübchen arbeitete eine hübsche junge Frau, die als Sekretärin und Assistentin den gesamten Redaktionsstab verkörperte. Es war **Maxie Wander**. Wir hatten eine gute und lustige Zeit miteinander, denn wir nahmen unsere Arbeit für die ständig größer werdende Leserschar ernst, weshalb wir besonders viel Heiteres und Satirisches druckten. Gelegentlich besuchte uns Maxies Mann **Fred Wander**, damals schon ein bekannter Schriftsteller. Er war sehr stolz auf seine reizende Frau und versicherte mir, sie könne mehr, als sie selber wisse. »Warts nur ab«, sagte er ahnungsvoll, »eines Tages schreibt sie selbst ein Buch. Und das wird etwas ganz Großartiges!«

Im Spätsommer des heißen Jahres 1959 verlebten wir unseren Urlaub an der bulgarischen Schwarzmeerküste. Das internationale Journalistenheim in Warna war wirklich eine Stätte der Begegnung mit Kollegen aus aller sozialistischen Herren Länder.

Eines Tages sprach mich am Strand ein junger Bulgare an. Ich hatte ihn wegen seines guten Aussehens zunächst für einen Rettungsschwimmer gehalten, aber es war **Wassil Zoneff**, Mitarbeiter unseres Bruderblattes »Strschl«. Da keiner die Sprache des anderen beherrschte und mein Russisch bestenfalls zum Absingen seelenvoller Heimatlieder ausreicht, einigten wir uns auf englisch.

Wassil Zoneff war ein Charmeur der alten Schule und machte mir äußerst schmeichelhafte Komplimente. Schließlich aber wollte er wissen, wie mir sein letztes Buch gefallen habe. Ich gestand, es nicht zu kennen. Darauf nannte er einen anderen Titel, der mir aber ebenso unbekannt war. Ich fühlte deutlich, wie ihn meine Bildungslücken auf dem Gebiet der bulgarischen Gegenwartsliteratur schmerzten, zumal er freimütig erklärte, er sei der berühmteste Satiriker seines Landes. Leider konnte ich auch nicht gut genug englisch, um eventuell wortreich über meine umfassende Ahnungslosigkeit hinwegzutäuschen. Als er begriff, daß ich bis dato nicht einmal von seiner Existenz gewußt hatte, sagte er mit einem tiefen Seufzer: »But I hope you know Mark Twain, the american Zoneff!«

Auch für einen erfahrenen Gerichtsreporter, der zahllosen Richtern und Staatsanwälten die Hand gedrückt hat, ist es ein schockartiges Erlebnis, wenn er eines Tages selbst vor den Kadi zitiert wird. Mir geschah so im Frühjahr 1960.

»Eulenspiegels« Leitartikel nannte sich damals »Brief der Woche«, und einen solchen hatte ich an den Leiter des Aufbaustabes der sozialistischen Wohnstadt Hoyerswerda, **Prof. Richard Paulick** gerichtet. Einige Zitate mögen belegen, daß wir zu jener Zeit keineswegs glimpflich mit unseren Städteplanern umgingen.

»Teurer Herr Prof. Paulick!
Als Sie mit der Projektierung der Neustadt von Hoyerswerda begannen, in der immerhin ein bedeutender Teil der Arbeiter des Kombinats Schwarze Pumpe mit ihren Familien wohnt oder demnächst zu wohnen gedenkt, da legten Sie Ihren modernen, pastellfarbenen Plänen die Erfahrungen zugrunde, die bisher im Republikdurchschnitt gemacht worden waren …

Und von nun an hatten Sie leider keine Zeit mehr. Weder für öffentliche Einwohner-Foren noch für den Frauenausschuß, ganz zu schweigen von den …zig anderen Aussprachen und Versammlungen, welche Sie bescheiden durch Ihre Abwesenheit beehrten. Hier hätten Sie nämlich erfahren können, daß die jungen Ehepaare von Hoyerswerda – und die Schwarze Pumpe wird nun einmal nicht von Greisen aufgebaut – entgegen Ihren enthaltsamen Bauplänen eine Menge Kinder kriegen … Gestatten Sie

einige Zahlen: In jedem Wohnblock, dem Sie großzügigerweise 72 Krippenplätze zugestehen, leben rund 363 Kinder zwischen null und drei Jahren, und insgesamt sind es im Alter von null bis fünfzehn Jahren gar 1159 Kinder, um die man sich kümmerm muß.

Ob Sies glauben oder nicht, Herr Professor, die Mütter dieser Kinder würden sehr gern arbeiten. Und könnten sie arbeiten, dann sähe im Kombinat Schwarze Pumpe schon manches ganz anders aus. Doch dank Ihrer Fürsorge müssen die jungen Frauen zu Hause bleiben und ihre Kinder behüten, und sie bedauern sehr, daß sie nicht im rentenfähigen Alter sind. Denn die Rentner, deren es in ganz Neu-Hoyerswerda 18 (in Worten: achtzehn) gibt, haben Sie, verehrter Herr Professor, nicht vergessen. Für sie bauten Sie ein hochfeines Altersheim, welches infolge Nutzlosigkeit jetzt in eine Entbindungsklinik umgebaut werden muß. Hoffentlich beunruhigt Sie der Gedanke an die kleine Summe nicht, die das Ganze kosten wird.«

Ich weiß nicht, inwieweit Prof. Paulick objektive Schuld an den Mißständen trug, jedenfalls war er von so gewaltiger subjektiver Wut über meine öffentliche Anrempelei erfüllt, daß er Klage wegen Verleumdung und übler Nachrede gegen mich erhob. Dies teilte der Staatsanwalt von Hoyerswerda meiner Chefredaktion mit und nannte einen verbindlichen Termin zwecks Aussprache zwischen Kläger und Verklagter im staatsanwaltlichen Büro.

Aus Furcht vor dem dräuenden Ungemach bat ich unseren Parteisekretär, den »Eulenspiegel«-Redakteur **Hans Seifert**, mich nach Hoyerswerda zu begleiten und nötigenfalls als mein wohlmeinender Leumundszeuge aufzutreten.

Wir trafen pünktlich im Vorzimmer des Staatsanwalts ein. Prof. Paulick, den ich auf Grund vieler Ablichtungen im »Augenzeugen« und in der Presse sofort identifizieren konnte, war schon da. Er musterte uns flüchtig und wandte sich dann wieder seiner Zeitungslektüre zu. Hans Seifert und ich erwarteten angstvoll, aber mit gespielter Ruhe, den Aufruf ins Allerheiligste. Nach einer endlosen Zeit kam der Staatsanwalt aus seinem Zimmer und sah uns entgeistert an. »Beide Parteien sind also anwesend«, knurrte er ungnädig, »warum, um Himmels willen, kommen Sie dann nicht zu mir herein?«

Nun endlich begriff Prof. Paulick, daß er seiner Verleumderin schon seit geraumer Zeit friedlich gegenübergesessen hatte. Mit ausgestrecktem Finger zeigte er auf mich und sagte stotternd: »Sie sind das also? Sie haben diese Unverschämtheiten geschrieben? Dann ziehe ich meine Klage zurück. Mit Kindern stelle ich mich doch nicht vor Gericht!«

Von Kindesbeinen an gab es für mich nichts Schöneres als zu lesen und ins Kino zu gehen. Diesen Leidenschaften bin ich bis heute ausgeliefert, weshalb ich schon in frühen Jahren meiner Journalistenlaufbahn versuchte, sie professionell nutzbar zu machen. In meiner ersten Buchrezension, die 1954 in der Zeitschrift »Freie Welt« erschien, ließ ich mich lobend über Stefan Heyms Sammelband aktueller Schriften »Im Kopf sauber« aus. Meine erste Kino-Kritik, 1955 in der »National-Zeitung« veröffentlicht, war eine Eloge auf den internationalistischer Humanität gewidmeten Film des Franzosen Christian-Jaque »Wenn alle Menschen der Welt …«, dessen Premiere gleichzeitig in Moskau, Paris, Rom, New York, Oslo und Westberlin stattfand. Da ich diesem aufregenden Ereignis im »Cinema Paris« am Kurfürstendamm beigewohnt hatte, fühlte ich mich fortan berufen, die Westberliner Kinoszene ebenso gründlich wie kritisch zu beobachten. Davon zeugen einige Kino-Eulen sowie Berichte über die Internationalen Filmfestspiele in Westberlin, die der »Eulenspiegel« Ende der fünfziger Jahre druckte.

Mein geheimer Wunsch allerdings war, die Kino-Eule ganz und gar zu okkupieren. Doch der ständige Autor dieser Kolumne war mein Kollege **Hans-Joachim Stein**, ein höchst produktiver Nachfahre Heinrich Heines. Nie hätte ich gewagt, dem kleinen (er maß nur knapp 1,60 Meter), großen Satiriker Stein diesen Bereich streitig zu machen. Doch eines Tages bot er mir unfreiwillig eine Chance.

Stein hatte einen Film, den ich für ein sowohl künstlerisch wie politisch höchst achtbares Werk hielt, gnadenlos verrissen. In unserer allmontäglichen Redaktionssitzung, deren Mittelpunkt immer die sogenannte Einschätzung des letzterschienenen Heftes war, gab ich meiner Verwunderung über sein Urteil Ausdruck. Stein wies meine sachlichen Einwände brüsk zurück. Als er auf einige gezielte Fragen nicht zu antworten vermochte, wurde allen Anwesenden klar, daß er den Film überhaupt nicht gesehen hatte.

Chefredakteur Heinz Schmidt geriet außer sich vor Wut. Er drohte nicht nur disziplinarische Maßnahmen an, sondern er verlangte, Stein möge sich augenblicklich ins Kino verfügen und danach noch einmal über den bewußten Film schreiben. Diese Rezension sollte dann mit einer redaktionellen Bemerkung über seine fragwürdigen Arbeitsmethoden veröffentlicht werden.

In der darauffolgenden Montagssitzung erklärte der mir bis dato freundschaftlich verbundene Hajo Stein, ich möge doch umgehend einen tüchtigen Psychologen konsultieren, denn bei mir seien Bewußtsein und Urteilsfähigkeit eindeutig getrübt. Der umstrittene Film sei ja noch viel, viel schlechter, als er geahnt habe, verdiene also einen weit schärferen Verriß als den bereits veröffentlichten. Ich zweifelte wie weiland Ingrid Bergman in dem

Film »Gaslicht« an meinem Verstand und sah mich schon in einer geschlossenen Anstalt. Heinz Schmidt hatte mittlerweile genug von unserem Gezänk und wandte sich wichtigeren Themen zu.

Als wir am Schluß der Sitzung den Raum verließen, ging Hajo Stein hinter mir. In alter Herzlichkeit haute er mir auf die Schulter und sagte fröhlich: »Na, wie hab ich das gemacht? Immer noch nicht gesehen!«

Außer dem Film hatte er aber noch etwas nicht gesehen, nämlich daß unmittelbar hinter ihm Chefredakteur Heinz Schmidt zur Tür drängte. Damit war Steins Schicksal als Filmkritiker besiegelt. Nach einem gehörigen Donnerwetter erhob sich die Frage, wer von uns künftig die Filmkritik schreiben solle. Schließlich wurde beschlossen, verschiedene Kollegen, darunter auch mich, alternieren zu lassen. Als sich nach einigen Monaten herausstellte, daß ich die Sache als einzige mit vollem Einsatz betrieb, erhielt ich den Zuschlag. Deshalb bin ich, gewiß nicht zur Freude aller DEFA-Schaffenden, seit gut einem Vierteljahrhundert die Kino-Eule.

Im Spätsommer 1961 hatte ich das Vergnügen, den berühmten Bergmann **Sepp Wenig** kennenzulernen. Die Umstände dieser Begegnung waren allerdings weniger vergnüglich, denn der National- und Leninpreisträger Wenig, Direktor der Wismut-SDAG Gera, hatte beschlossen, in seinem vollbesetzten Kulturhaus ein gewaltiges Hühnchen mit mir zu rupfen.

Ursache seines Zorns war ein von mir geschriebener Verriß einer Broschüre aus der »Flugblattreihe für künstlerische Agitation« des Verlages Friedrich Hofmeister in Leipzig. Gewiß hätte sich Genosse Wenig nie und nimmer für ein Heftchen mit ebenso gutgemeinten wie schlecht gereimten Holzhammergedichten ins Zeug gelegt, wäre nicht einer der Autoren der ehemalige Wismut-Kumpel **Horst Salomon** gewesen. Daß dieser inzwischen nicht mehr schreibender Bergmann, sondern nach Absolvierung des Literaturinstituts eingetragener Berufsschriftsteller war, kümmerte den Sepp wenig.

Eingedenk der wüsten Beschimpfungen, denen ich zwei Jahre zuvor in der »Milchader« ausgesetzt gewesen war, gab mir meine Chefredaktion diesmal sogar einen gesellschaftlichen Anwalt an die Seite, nämlich meinen Freund und Kollegen **Rudi Strahl**. Da Rudi aber auch mit seinem ehemaligen Studienkameraden Horst Salomon befreundet war, fungierte er gewissermaßen als allseitig Parteiischer in dieser Runde.

Sepp Wenigs Anklage gegen mich bestand im wesentlichen aus einem Loblied auf den hervorragenden Menschen und Bergmann Horst Salomon. Er war unter Tage nicht nur einer der besten Arbeiter gewesen, sondern hatte bei einem Grubenunglück auch drei Kumpels das Leben gerettet. Wie könne ein junges dummes Ding wie ich es wagen, einem solchen Mann die Ehre abzuschneiden!

Ich erklärte nachdrücklich, daß ich an der menschlichen und politischen Integrität des Genossen Salomon nie gezweifelt und Kritik doch lediglich an seiner Arbeit über Tage, nämlich an einigen seiner Gedichte geübt hätte. Aber das ließ Sepp Wenig nicht gelten. Harte Bandagen seien das geeignete journalistische Mittel gegen den Klassenfeind, aber nie und nimmer gegen die eigenen Leute.

Nunmehr war es an **Peter Nelken**, unserem Chefredakteur, die edlen Aspekte meines Charakters herauszustreichen. Als ich ihm nach seiner Rede ergriffen und dankbar unter dem Tisch die Hand drückte, raunte er mir grinsend zu, ich solle mir nur ja keine Schwachheiten einbilden, dies sei ein rein taktisches Manöver gewesen.

Unser seit eh und je von allem Militärischen faszinierter stellvertretender Chefredakteur **Karl Kultzscher** betonte, sozialistische Bergleute und dito Satiriker stünden zwar an derselben Front, aber jeder habe an einem anderen Abschnitt und mit anderen Waffen zu kämpfen.

Rudi Strahl trug unter dem Beifall des riesigen Auditoriums ein gelungenes Gedicht von Horst Salomon vor. Dann zitierte er einige der von mir kritisierten Passagen aus der bewußten Broschüre und gab freundschaftlich zu bedenken, daß unserer guten Sache mit schlechten Gedichten nicht gedient sei.

Sepp Wenig hatte den Plädoyers meiner Verteidiger interessiert gelauscht. Bevor er zu seiner letzten, nur noch von leisem Groll durchzogenen Schlußrede ansetzte, winkte er seine Sekretärin heran und gab ihr halblaut einige Anweisungen.

Karl Kultzscher hatte den Vorgang genau beobachtet. »Jetzt können wir zum gemütlichen Teil übergehen«, flüsterte er mir aufatmend zu. »Sepp hat soeben befohlen, daß die Gedecke für uns nun doch aufgelegt werden sollen.«

Im Sommer des Jahres 1953, also drei Jahre vor meinem Einstieg in den »Eulenspiegel«, besuchte ich als Redaktionsvolontär meine erste Pressekonferenz. Es ging um Fußball, aber das interessierte mich nicht sehr. Weit mehr interessierte mich ein baumlanger, gertenschlanker junger Mann mit brünettem Teint und tiefschwarzer Mähne. Ein Italiener, dachte ich entzückt. Augen und Ohren empfangsbereit auf das mediterrane Prachtstück gerichtet, verpaßte ich alles, was ein mittlerweile im Sportdienst ergrauter Herr Manfred Ewald über den ruhmreichen DDR-Fußball zu berichten wußte. Erst am Ende der Pressekonferenz wurde mir meine Pflichtvergessenheit siedendheiß bewußt. Auch der schöne Italiener schien es bemerkt zu haben, jedenfalls kam er auf mich zu und sagte: »Wat is, Kleene, kommste mit Biertrinken? Dann erklär ick dir den janzen Quatsch.«

Es handelte sich um den Urberliner **John Stave**, Humorredakteur des »Frischen Wind« (1954 in »Eulenspiegel« umbenannt.) In den folgenden Jahrzehnten habe ich mit meinem Freund Jonny noch etliche Hektoliter Bier getrunken. Diesbezüglich, aber nur diesbezüglich, war er immer sehr spendabel.

Anfang der sechziger Jahre erkor die »Eulenspiegel«-Mannschaft das »Café Plau« in der Mauer-Ecke Kronenstraße zum Stammlokal. Die von uns liebevoll in »Blaue Pflaume« umgetaufte Kneipe war so winzig, daß sich nur in unmittelbarer Klonähe

Platz für unseren Stammtisch fand. Dennoch saßen wir fast täglich hier, und nur die festangestellten Kollegen waren manchmal knurrig, weil sie wenigstens Stippvisiten in der Redaktion geben mußten. Besonders Jonny ärgerte sich über die lästigen Unterbrechungen, zumal er behauptete, richtige Ideen kämen ihm überhaupt nur in der Kneipe. Seine Spezialität waren außer hintergründig-skurrilen Kurzgeschichten besonders humoristische Reportagen. Einmal überredete er mich zu einer gemeinsamen journalistischen Arbeit über die Vorzüge der volkseigenen Büstenhalterindustrie. Unser beider Reportage trug den Titel »Wir müssen noch viel mehr zusammenhalten«.

Da ich Jonny sowohl freundschaftlich als auch kollegial ergeben war, erklärte ich mich eines Tages im Jahre 1962 zu einem Rollentausch bereit. Das heißt, ich übernahm seinen Posten als Humorredakteur, und er arbeitete freiberuflich. Nun war ich es, die alle naselang den Stammtisch verlassen und mich hinterm Redaktionsschreibtisch einfinden mußte. Ich erinnere mich, daß es besonders viel Leserpost zu beantworten gab. Vor allem mußte ich häufig erregte Bürger darüber aufklären, daß sich der Genosse John Stave nicht etwa ein angloamerikanisches Pseudonym zugelegt habe, sondern wirklich so heiße. Trüge er, wie es sich seine Mutter gewünscht hatte, den schlichten deutschen Vornamen Joachim, wäre nie ein Mensch auf die Idee gekommen, ihn mit Herr oder gar Mister Stäv anzureden. Auch an dieser Geschichte war das Bier schuld.

Als Mutter Stave am 7. Februar des Jahres 1929 mit einem Knaben niederkam, beauftragte sie den stolzen Papa, den neuen Erdenbürger Joachim Stave ins amtliche Geburtenregister eintragen zu lassen. Doch auf dem Weg zum Standesamt traf Vater Stave verschiedene gute Kumpel, die jeweils darauf bestanden, die frohe Botschaft mit einer Molle zu begießen. Als sich Stave d. Ä. schließlich bis zur Behörde vorgetrunken hatte, war ihm der mütterlicherseits verordnete Name entfallen. Er wußte nur noch, daß ein o darin enthalten war. Folglich gab er seinen heimlichen Lieblingsnamen »John« zu Protokoll und löste damit bis auf den heutigen Tag währende Irrtümer aus. **Lothar Kusche** behauptete allerdings, Vater Stave habe damals seherische Gaben an den Tag gelegt. Zugegebenermaßen sei Jonny zwar weder Engländer noch Amerikaner, im Hinblick auf seinen partiellen Geiz aber nachweisbar ein Schotte.

Im Jahre 1961 stellte mein Kollege **Rudi Strahl** seinen Posten in der Kulturredaktion des »Eulenspiegel« zur Verfügung, um sich endlich ganztags seiner Lieblingsbeschäftigung, dem Schreiben, hingeben zu können. Allerdings mangelte es ihm nicht nur an einem Arbeitszimmer, sondern auch an der nötigen Ruhe, denn die häusliche Szene wurde ganz und gar vom erstgeborenen Strahl junior beherrscht.

Deshalb beschloß Rudi, nach dem Vorbild berühmter Literaten ein Caféhausschreiber zu werden. Fremder Lärm, behauptete er, erreiche kaum sein Ohr, während ihn der vom eigenen Fleisch und Blut erzeugte mitten ins Herz träfe.

Zu jener Zeit war gerade Heinrich Bölls Roman »Billard um halb zehn« bei uns erschienen. Bölls Held, der Architekt Fähmel, erinnert sich, wie er als junger Mann dem Kellner eines Nobel-Restaurants suggerierte, daß hier ab sofort eine Very Important Person zu frühstücken geruhe. Das gelang ihm mit der Bitte um folgendes Gedeck: »Ein Kännchen Kaffee, aber mit drei Tassen Kaffee, bitte, zwei Scheiben Schwarzbrot, Butter, Orangenmarmelade, ein gekochtes Ei und Paprikakäse.« Und diese Bestellung hatte, so Fähmel zum Kellner, Gültigkeit für alle Zeiten, mußte also niemals wiederholt werden.

Wie wir von Böll wissen, verlief dic Angelegenheit wunschgemäß. »Nach zwei Tagen schon war ich ›der Herr mit dem Paprikakäse‹, eine Woche

später ›der junge Künstler, der immer gegen neun zum Frühstück kommt‹, nach drei Wochen ›Herr Fähmel, der junge Architekt, der an einem großen Auftrag arbeitet‹.«

Diese, wenn auch zunächst noch sehr begrenzte Popularität wollte Rudi ebenfalls erlangen. Da ein Nobel-Restaurant aus finanziellen Gründen nicht in Betracht kam, entschied er sich für das am Ufer der Dahme gelegene Gesellschaftshaus Grünau. Auch das Böllsche Gedeck ließ sich, nun wiederum aus Sortiments- und Geschmacksgründen, nicht unkorrigiert übernehmen. Rudi bestellte – ein für allemal, versteht sich! – eine Literkanne Tee, ein Glas Tomatensaft und ein Käsebrötchen. Das war ausreichend für die Dauer eines Dichterwerktags, der bei Rudi um 12 Uhr mittags endete, weil dann Frau Alice mit dem Essen wartete.

Es war im Frühjahr 1963, als ich mit meinem damaligen Mann Lothar Kusche nach einem Spaziergang im Gesellschaftshaus einkehrte. Wir plazierten uns nach eigenem Gusto – eine Unsitte, die später abgeschafft wurde – an einen Tisch, auf dem sich etwas Teegeschirr und allerhand Schreibutensilien befanden. Der dazugehörende Gast war im Augenblick abwesend. Doch schon eilte der Kellner herbei und erklärte höflich, dies sei der Stammtisch des jungen Schriftstellers Strahl, der gerade an einem großen Roman arbeite und gewiß nicht gestört werden wolle.

Wir freuten uns über den sympathischen Zufall

und versicherten, von unserem Freund Rudi ganz bestimmt nicht als störend empfunden zu werden. Diese Bemerkung ließ uns spürbar in der Achtung des Kellners steigen, denn er durfte sich bestenfalls einen dienstwilligen Helfer, nicht aber einen persönlichen Freund der künftigen Berühmtheit nennen.

Die Begrüßungszeremonie, die uns Rudi angedeihen ließ, war geradezu triumphal. Er herzte und küßte mich und umarmte meinen Mann wie einen verloren geglaubten Bruder. Wir nahmen an, daß er uns für die unverhoffte Arbeitspause so über die Maßen dankbar war und beschlossen, ihm für ein Plauderstündchen Gesellschaft zu leisten.

Die Mittagszeit war zwar noch längst nicht heran, aber Rudi empfahl uns, statt eines kleinen Imbiß' lieber gleich etwas Richtiges zu essen. Zum Beispiel ein Bauernfrühstück. Wir ließen uns überreden, aber als der Kellner zwei Riesenportionen herbeischleppte, fühlte ich mich entschieden überfordert.

»Macht nichts«, sagte Rudi strahlend, »was du nicht schaffst, esse ich auf.«

Da ich den Eindruck nicht loswurde, daß er mir jeden Happen in den Mund zählte, wollte ich ihm meinen Teller alsbald überlassen. Rudi stoppte meine Geste und schob den Teller zurück. »Sehr nett von dir, aber mir wäre lieber, du würdest mich ab und zu mal kosten lassen.«

»Zum Donnerwetter, was soll das Affentheater?«

brauste ich auf. »Wenn du Hunger hast, dann iß doch! Warum bestellst du dir eigentlich nicht selbst ein Bauernfrühstück?«

»Nicht so laut, bitte«, bat Rudi, dessen Gesicht vor Verlegenheit glühte. Und dann erzählte er uns die ganze Geschichte, beginnend mit Bölls jungem Architekten Fähmel und endend mit Tee, Tomatensaft und Käseschrippe.

»Versteht ihr nicht?« sagte er beschwörend. »Seit über einem Jahr würge ich mir das Zeug runter, Tag für Tag. Ich kann es schon nicht mehr sehen. Würde ich aber plötzlich etwas anderes bestellen, wäre der beim Kellner mühsam erzielte Effekt mit einem Schlag im Eimer.« Er seufzte tief. »Public relations haben eben ihren Preis, und ich investiere schließlich in meine Zukunft.«

Während ich, den Kellner nicht aus dem wachsamen Auge verlierend, den hungrigen Dichter fütterte wie eine Mutter ihr Baby, beschlich mich der Verdacht, die Gründe für Rudis anstrengende Marotte seien nicht nur in eitler Image-Pflege, sondern auch in schlichtem Geldmangel zu suchen. Gottlob sind beide Probleme für den erfolgreichsten Komödienautor der DDR seit langem gelöst.

Jahrzehntelang war der Club der Kulturschaffenden in der Nuschkestraße ein stark frequentiertes geistig-gastronomisches Zentrum in der Berliner Stadtmitte. Das Etablissement trug den Namen Johannes R. Bechers, wurde aber der geographischen Einfachheit halber Nuschke-Club genannt.

Lothar Kusche und ich hatten uns zum Mittagessen im Club verabredet. Als ich eintraf, erwartete er mich in Gesellschaft seiner Freunde **Johannes Bobrowski** und **Peter Edel**. Am Tisch saß noch ein vierter Mann, dessen Namen ich dummerweise nicht verstand, als er sich mir vorstellte.

Da ich noch ein verhältnismäßig junges Ding ohne nennenswerten Bekanntheitsgrad war, erklärte Bobrowski dem Fremdling, was ich so beruflich triebe. Mein alter Kumpel aus »BZ am Abend«-Zeiten Peter Edel beeilte sich hinzuzufügen, ich sei ein bedauernswertes Enfant terrible, vom Schicksal dazu ausersehen, in jeden noch so versteckt stehenden Fettnapf hineinzutreten.

Während dieser Mittagsstunde kam ich allerdings kaum zu Wort. Das hatte der fremde Mann an sich gerissen, und er sprach so angeregt über das Theater im allgemeinen und das Brechtsche Berliner Ensemble im besonderen, daß ich ihm gebannt lauschte.

Als er doch einmal eine Atempause einlegte, um einen Schluck zu trinken, fragte ich ihn voll ehrlichen Interesses: »Sagen Sie bitte, schreiben Sie eigentlich auch?«

Er versteinerte in der Bewegung, nickte kühl und verabschiedete sich ziemlich schnell.

Während sich Edel und Bobrowski noch wie Bolle amüsierten, klärte mich mein Mann darüber auf, daß ich meine naive Frage an den Brecht-Theoretiker – oder, wie Kusche es nannte: den eigentlichen Erfinder Brechts – und bekannten Theaterkritiker **Prof. Ernst Schumacher** gerichtet hatte.

Einen weiteren Beweis meiner, wie meine Tochter später befand: kriminellen Ahnungslosigkeit lieferte ich im Jahre 1964. Die amerikanische Sängerin **Joan Baez** gab im Berliner Kabarett »Die Distel« ein Konzert, und ich hatte die Vergünstigung, ihr durch einen gemeinsamen Bekannten vorgestellt zu werden.

Nach dem Konzert trafen wir uns im Presse-Club und plauderten bei einer Tasse Kaffee. Ganz so salopp verlief die Angelegenheit allerdings nicht, denn ich war viel zu beeindruckt von dieser phantastischen Künstlerin, die damals auch eine große Rolle in der amerikanischen Bürgerrechtsbewegung spielte, um sie mit meinen mäßigen englischen Plauderkünsten zu behelligen. Vielmehr hörte ich ihr aufmerksam zu und entdeckte wieder einmal, daß alle wirklich bedeutenden Menschen bescheiden und unprätentiös sind.

Joan Baez befand sich übrigens in Begleitung eines dünnen, rothaarigen jungen Mannes, der augenscheinlich irischer Abstammung war. Mehr vermochte ich nicht über ihn herauszubringen, denn er gab sich äußerst zurückhaltend und bedachte seine berühmte Freundin nur hin und wieder mit einem verliebten Blick.

Schließlich konnte ich meine Neugier aber doch nicht mehr bezwingen und fragte ihn halblaut, welchen Beruf er denn wohl ausübe. Statt seiner antwortete Joan Baez: »Mr. **Bob Dylan** is a composer.«

Bei meiner ersten Hochzeit im Jahre 1957 geriet die Standesbeamtin von Berlin-Johannisthal in große Verlegenheit. Mitten in ihrer Rede, musikalisch untermalt von Händels »Largo«, ging das Tonbandgerät kaputt. Mein handwerklich begabter erster Mann erbot sich sofort, den Schaden zu beheben. Die Reparatur dauerte zwanzig Minuten, exakt die Zeit, die von Standesamts wegen pro Trauung veranschlagt war. Wir versicherten der untröstlichen Dame, daß uns der Ausfall der feierlichen Zeremonie nicht sonderlich inkommodiere, zumal wir keine Gäste mitgebracht hatten. Nach Vollzug der Formalitäten begleitete sie uns erleichtert zur Tür, bedankte sich nochmals für unser Verständnis und verabschiedete sich mit einem herzlichen »Auf Wiedersehen«.

Sechs Jahre später stand ich wieder vor ihr, diesmal mit meinem Kollegen **Lothar Kusche**. Sie sah mich entgeistert an. »Könnte es sein, daß wir uns hier schon einmal begegnet sind?«

»Allerdings«, entgegnete ich, »und da Ihr letzter Wunsch der nach einem Wiedersehen war, wollte ich Sie nicht enttäuschen.«

Wir lachten herzlich, machten uns lustig über die Folgen des albernen Aberglaubens und verschwatzten genau die vorgegebenen zwanzig Minuten. Aus der Zeremonie wurde wieder nichts. Aber nun waren wir ja schon fast alte Freunde, zumal sie meinem Mann versicherte, daß sie ein ausgesprochener Fan seiner Bücher sei. »Auf Wiedersehen«, sagte sie am Schluß, »aber möglichst nicht wieder an diesem Ort.«

Doch der Fluch war nicht mehr aufzuhalten, wie sich zehn Jahre später erweisen sollte.

Lothar Kusche ist nicht nur der Nestor unserer Gilde, er war auch schon immer ein fleißiger Schreiber. Mittlerweile sind einige Dutzend Werke von ihm erschienen. 1960 eröffnete er mit seinem (auch verfilmten) Büchlein »Überall ist Zwergenland« einen Feldzug gegen den Kitsch, der bekanntlich mit der großen Schießerei bei Hornberg endete. Aus dieser Zeit datiert Kusches Sammlerleidenschaft für Kitschgegenstände und andere Kuriositäten. Zu letzteren zählen unter anderem besonders originell ausgefüllte Passierscheine.

Das schönste Exemplar ergatterte Kusche vor Jahrzehnten am Bühneneingang des Deutschen Theaters in der Schumannstraße. Dortselbst versah ein altersschwacher Mime, dem die endgültige Trennung vom Theater das Herz gebrochen hätte, den Posten eines Pförtners. Er studierte den Personalausweis des Gastes mit dem Mißtrauen eines Kaderleiters und machte sich dann an die schriftliche Ausarbeitung des vorgedruckten Zettelchens. Endlich hielt Kusche den Einlaßbeleg in den Händen, auf dem nur drei Rubriken wie folgt ausgefüllt waren: Name: Kursk, Vorname: Utlen, Wohnort: Berillen.

Bevor **C. U. Wiesner**, der geistige Vater des legendären Friseurs Kleinekorte, ein bekannter Filmszenarist, Krimi-Autor und Musical-Librettist wurde, arbeitete er als Kulturredakteur beim »Eulenspiegel«. Sein Zimmer befand sich unmittelbar neben dem meinen. Allmonatlich einmal ging ich C. U. aus amtlichen Gründen besuchen, wenn nämlich die Kino-Eule fällig war. Dann gackertern wir gemeinsam über besonders boshafte Verrisse, und nicht selten gab er mir Hinweise, wie einem Scharlatan noch kräftiger das Fell zu gerben sei.

Einmal hatte ich einen namhaften Komponisten wegen einer hanebüchenen Filmmusik scharf kritisiert. Am Tag des Erscheinens der Kino-Eule rief der ebenso stark sächselnde wie laut schreiende Tonschöpfer an, wies mir Ignoranz und Unkenntnis der Materie nach und schwor, mein Frevel werde gerichtliche Folgen haben. Da ich vor Angst zitterte und schwitzte, legte ich den Hörer für einen Moment auf den Schreibtisch. Doch die Schimpfkanonade dauerte an, nur drang der Ton jetzt durch die Rabitzwand zwischen Wiesners und meinem Zimmer. Als ich wie ein Racheengel in seiner Tür stand, legte er grinsend auf und sagte stolz: »Aber Diktion und Tonfall waren täuschend ähnlich, das mußt du zugeben!«

Die beliebteste Seriengestalt der Zeitschrift »Eulenspiegel« und des gleichnamigen Buchverlages ist zweifellos das brave, stets gerechte Früchtchen **Ottokar Domma**. Ihr Schöpfer heißt natürlich ganz anders, nämlich **Otto Häuser**. Er ist von Hause aus Lehrer und wurde nach dem endgültigen Abgang von der Schule Journalist, und zwar beim »Neuen Deutschland«. Als er den bei Lehrern und Journalisten häufig zu beobachtenden Wechsel in die Literatur vollzogen hatte, blieb er seiner Zeitung noch viele Jahre treu.

Diese Fakten sind zwar vielen Leuten bekannt, aber bis in den letzten Zipfel der Republik haben sie sich doch nicht herumgesprochen. So geschah es also, daß der nicht sonderlich humorvolle, aber prinzipienfeste Direktor einer kleinstädtischen polytechnischen Oberschule seinen untergebenen Lehrern die Vorliebe für Ottos Ottokar-Geschichten verübelte. Diese Kollegen hatten es nämlich gewagt, die jeweils druckfrischen Lausbübereien aus dem »Eulenspiegel« auszuschneiden und sie am Schwarzen Brett im Lehrerzimmer zwecks allgemeiner Erbauung anzubringen.

Eines Tages rüstete der Direktor zum Gegenschlag. Er entnahm dem ND einen Artikel des Oberstudienrates Otto Häuser, pinnte ihn neben einen Beitrag des inkriminierten Ottokar Domma und schrieb darunter: »Kollegen, orientiert Euch gefälligst am Genossen Häuser und nicht an dem albernen Domma!«

Nach dem viel zu frühen Tod unseres Chefredakteurs Peter Nelken trat 1967 **Gerd Nagel** an seine Stelle. Er kam von einer Tageszeitung aus der Republik, hatte demzufolge kaum Beziehungen zu Humor und Satire gehabt und war offensichtlich irritiert von der unorthodoxen Arbeitsweise in unserer Redaktion. Wir hatten schon bald erheblichen Krach miteinander, denn ich war nicht daran gewöhnt, daß ein Chefredakteur ohne Absprache mit mir Änderungen in meinen Manuskripten vornahm. Aber wir rauften uns schnell zusammen. Er mischte sich niemals mehr in Geschmacksurteile ein, und wenn er mit einer Formulierung nicht einverstanden war, gab er mir die Chance, sie selbst zu korrigieren.

Gerd Nagel kam übrigens als erster auf die Idee, mich zu einem Internationalen Filmfestival zu schicken, und zwar im Sommer 1967 nach Moskau. Da die offizielle DDR-Delegation schon abgereist war, setzte er sich mit den Kollegen unseres Bruderblattes »Krokodil« in Verbindung und bat, Akkreditierung und Hotelzimmer für mich zu besorgen. Es wurde vereinbart, daß mich ein Redakteur, nämlich der bekannte sowjetische Schriftsteller **Gennadi Jurjew**, auf dem Flugplatz in Empfang nehmen sollte. Er würde als Erkennungszeichen ein Exemplar des »Krokodil« in der Hand halten, ich hingegen ein solches des »Eulenspiegel«.

In der ganzen riesigen Halle des alten Flugplatzes Wnukowo war kein männlicher »Krokodil«-Träger zu erspähen. Ich stand inmitten meiner zahlreichen Gepäckstücke und spürte, wie sich mit der immer kühler werdenden Abendstunde immer eisigere Verzweiflung meiner bemächtigte. Nach endloser Wartezeit schwenkte ich meinen »Eulenspiegel« schon wie eine Kapitulationsfahne, aber niemand war da, der das Zeichen verstand. Bis auf Genia.

Genia, eine mir unbekannte gütige Moskauerin mittleren Alters, hatte gerade ihren Mann zu einer Auslandsreise verabschiedet, und bei ihrem Rückweg durch die Halle war ihr das deutsche Häufchen Unglück aufgefallen. Sie fragte sofort, ob sie mir helfen könne, und in einer abenteuerlichen Mixtur aus verschiedenen Sprachen erklärte ich ihr mein Mißgeschick. Auf der Stelle bot sie mir an, mich mit in ihre Wohnung zu nehmen. Da ich ihr nicht zur Last fallen wollte, bat ich sie, wenigstens die Nummer des auch ihr wohlvertrauten Dichters Jurjew aus dem Telefonbuch herauszusuchen. Doch das Wort »Telefonbuch« erwies sich als nicht zu bewältigende Sprachbarriere. Erst nach längerer Diskussion erfuhr ich von einem englischsprachigen Passagier, daß es in Moskau keine Telefonbücher gibt.

Da hatte Genia plötzlich eine grandiose Idee. Ihr war nämlich eingefallen, daß sich »Krokodil« und »Prawda« im gleichen Gebäudekomplex befanden und daß in einer Tageszeitung gewiß auch nachts gearbeitet würde. Dort wollte sie also anru-

fen und um brüderliche Hilfe für eine sitzengelassene DDR-Journalistin bitten.

Schon nach zehn Minuten kam Genia strahlend zurück. Durch ein Versehen der Vermittlung war sie mit dem zentralen Fahrdienst verbunden worden, und dort wartete seit drei Stunden ein Chauffeur des »Krokodil« auf den Genossen Jurjew, um ihn zum Zwecke meiner Abholung zum Flugplatz zu bringen. Genia blieb an meiner Seite, bis der Fahrer eintraf. Wir verabschiedeten uns wie alte Freundinnen.

Die Nacht verbrachte ich bei einer »Krokodil«-Redakteurin, die mir wie einer nahen Verwandten ihr durch Scheidung freigewordenes Zweitbett herrichtete. Als ich am nächsten Morgen mit ihr in der Redaktion eintraf, lag mir ein tief zerknirschter Gennadi Jurjew zu Füßen. Er hatte tags zuvor seine Heimkehr aus dem Urlaub gefeiert und seinen Auftrag buchstäblich verschlafen. Als Zeichen seiner Reue lud er mich in das feinste georgische Restaurant ein, ließ mich anschließend bei der Festivalleitung akkreditieren, zeigte mir seine Stadt und schwor alle zehn Minuten, er werde Harakiri begehen, wenn er nicht auf meine Vergebung hoffen könne.

Als ich endlich spätabends in einem Hotel untergekommen war, konnte ich wegen all der Aufregung nicht schlafen. Deshalb nahm ich mir ein Taxi und fuhr zum Hotel »Moskwa« am Roten Platz, in dem die DDR-Delegation logierte. Ich hatte einfach das Bedürfnis, deutsche Mutterlaute zu hören. Aber das Restaurant war schon geschlossen, und auch in der Halle zeigte sich niemand von unseren Leuten.

Ein bißchen traurig begab ich mich in Richtung Taxihalteplatz. Da sah ich quer über den menschenleeren Roten Platz eine hohe Gestalt marschieren: Filmminister **Siegfried Wagner**. Seit fünf Jahren waren wir einander von Herzen unsymphatisch. Genosse Wagner hatte damals auf einer Pressekonferenz vor Berliner Kulturredakteuren und Kritikern behauptet, die rüden Töne in meinen Eulen seien schuld am stetigen Besucherrückgang im Kino.

Aber in der mitternächtlichen Stunde auf dem Roten Platz war er der erste Landsmann, den ich nach zwei Tagen des Radebrechens traf. Also rannte ich auf ihn zu, umarmte ihn mit überströmender Herzlichkeit und küßte ihn gar auf die Wange. Genosse Wagner stand erstarrt und nutzte die erste Gelegenheit zur Flucht. Doch seit jenem unfreiwillig empfangenen Bruderkuß in Moskau begegnete er mir immer höflich und zuvorkommend. Auch bei mir war der Groll verraucht, zumal Siegfried Wagner nicht mehr lange Filmminister blieb.

Einer der liebenswürdigsten, originellsten, fleißigsten und auch international hochgeschätzten Mitarbeiter unserer Zeitschrift war der Karikaturist und Illustrator **Karl Schrader**. Der stille, feine Karl erfreute sich ungeteilter Beliebtheit beim Publikum und bei seinen Kollegen. Letztere wußten allerdings zahllose Anekdoten über Karls Penibilität in Geldsachen zu erzählen, genauer gesagt, er galt als geradezu exemplarischer Geizkragen.

Anfang des Jahres 1961 erhielt ich die Chance, gemeinsam mit Karl Schrader eine humoristisch-satirische Reportage über die Nachbarmetropole Prag anzufertigen. Das Freundlich-Humoristische sollte der Gastgeberstadt gelten, der satirische Aspekt hingegen unserem Heimatdorf Berlin, das zu Beginn der sechziger Jahre noch in keiner Weise mit der Goldenen Stadt konkurrieren konnte. Die Chefredaktion billigte uns eine Woche Zeit sowie spesenseitig abgesicherte Kost und Logis im altehrwürdigen Nobel-Hotel »Alcron« zu.

Als wir in Prag anlangten, befand ich mich in denkbar schlechter Verfassung. Husten, Schnupfen, Heiserkeit sowie erheblich angestiegene Temperatur machten einen Arztbesuch dringend erforderlich. Diagnose: Grippe, Therapie: eine Woche Bettruhe. Wir überlegten, ob wir unseren Arbeitsaufenthalt sofort abbrechen und die Heimreise antreten sollten. Doch Karl hatte schon vorher einige private Verabredungen getroffen, weshalb ich mich erst einmal medikamentenschluckend in mein Hotelbett verfügte.

Am Abend des ersten Tages waren meine Krankheitssymptome wie weggeblasen. Frohgemut beschloß ich, einen von Karl und seinen tschechischen Freunden anberaumten Lokal-Termin wahrzunehmen. Es handelte sich um einen Ausflug ins schon damals legendäre Prager Nachtleben. Wir hatten viel Spaß in den gepflegten Bars mit ihren freizügigen Show-Programmen, gegen die Berlins wenige Amüsierlokale wie Treffpunkte für Volkstanzgruppen wirkten.

Als wir tags darauf unsere journalistische Recherchentour antreten wollten, war meine Grippe erneut in vollem Gange. Doch abends fühlte ich mich wieder topfit und fieberfrei. Nach kurzem Kriegsrat entschieden wir, unseren redaktionellen Auftrag auf eine Reportage über »Prag bei Nacht« umzupolen. Die Sache kam nicht nur meinem diffusen Krankheitsbild, sondern auch unser beider Eulen-Naturell stark entgegen.

Nach unserer Rückkehr erklärte ich in der Redaktion, ab sofort seien alle Bemerkungen über Schraders angeblichen Geiz in den Bereich der Legende, wenn nicht gar der üblen Nachrede zu verweisen. Schließlich habe er in äußerst chevaleresker Weise in allen Bars für mich bezahlt, und die Preise in diesen Etablissements hatten unser Spesenkonto nun wirklich bei weitem überfordert.

Die Kollegen lachten mich einfach aus. Sie stellten sogar ziemlich eindeutige Mutmaßungen über meine Motive für derlei Zweckpropaganda an. Nachdem ich bei allem, was mir nachweisbar heilig war, geschworen hatte, meine Beziehungen zu Karl seien zu keiner Tages- oder Nachtstunde amourösen Charakters gewesen, zweifelten sie schlicht an meinem Verstand. Das hinderte mich jedoch nicht, weiterhin vehement und kompromißlos für Karls Ehrenrettung zu kämpfen.

Etwa zehn Jahre später saßen wir wieder einmal in gemütlicher redaktioneller Runde beisammen, feierten auf Kosten eines spendablen Mitarbeiters eine improvisierte Fete und hechelten – natürlich abwesende – notorische Knickstiebel durch. Für mich bot sich die hundertste Gelegenheit, das Hohelied des großzügigen Prager Zechenzahlers Karl Schrader zu singen. Da riß unserem stellvertretenden Chefredakteur **Karl Kultzscher** der Geduldsfaden.

»Hör zu«, sagte er streng, »erst gestern hat sich Schrader seine Importzigarette unter dem Tisch angezündet, nur um mir keine anbieten zu müssen. Ich schlage deshalb vor, wir rekonstruieren deine fragwürdigen Erlebnisse minutiös. Wie war das also: Ihr seid in Prag angekommen und habt im ›Alcron‹ Quartier genommen. Was war dann?«

»Dann gingen wir zum Arzt, der mir eine Grippe bescheinigte. Danach legte ich mich ins Bett.«

»Und Karl?« fragte Kultzscher.

»Der natürlich nicht«, entgegnete ich gereizt. »Der mußte in die Redaktion von ›Dikobraz‹.«

»Warum? Was wollte er dort?« insistierte Kultzscher weiter.

Ich dachte angestrengt nach, ja ich versank geradezu in Kontemplation, um mir jene historische Situation originalgetreu zurückzurufen. Und plötzlich fiel es mir wie Schuppen von den Augen.

Vor unserer Abreise aus Berlin hatte ich mit Dr. Evgen Sejček, stellvertretender Chefredakteur unseres Prager Bruderblattes, telefoniert und hocherfreut zur Kenntnis genommen, daß eine beträchtliche Menge Kronen, Nachdruckhonorar für meine in »Dikobraz« erschienenen »Eulenspiegel«-Geschichten, auf mich warte. Da ich nun aber tagsüber krank darniederlag, war ich außerstande, das Geld persönlich abzuholen. Also stattete ich meinen Kollegen Karl Schrader mit einer Vollmacht aus. Stunden später kam er zurück und brachte mir Blumen und allerhand Näschereien. Seine rührende Fürsorglichkeit und das anhaltende Fieber mußten mich in einen Zustand somnambuler Entrücktheit versetzt haben. Jedenfalls erinnerte ich mich keine Sekunde lang an irgendwelche finanziellen Transaktionen zu meinen Gunsten. Auch Karl erwähnte sie mit keinem Wort.

Doch nun brachte die suggestive Befragungstechnik des Laien-Psychoanalytikers Kultzscher schlagartig Licht in das Dunkel meines Langzeitgedächtnisses. Karl Schrader hatte mich also eine Woche lang in den teuersten Prager Bars für mein eigenes Geld freigehalten und sich zehn Jahre lang in meinen Lobtiraden über seine vermeintliche Großzügigkeit gesonnt.

Mein nunmehr fälliges Geschimpfe ließ er lächelnd über sich ergehen. Obwohl ich ihn bei jeder passenden und unpassenden Gelegenheit und immer coram publico mit seinem Prager Bubenstück aufzog, war er mir nicht böse. Er erklärte im Gegenteil, daß er nie so lange und vor allem so gern unter falschem Verdacht gestanden habe. Doch nun wolle er wenigstens nachträglich, allerdings nur mich betreffend, den Wahrheitsbeweis für meine Behauptungen führen.

Und das tat er dann auch. Bis zu seinem Tod im Jahre 1982 hatte ich keinen treueren und generöseren Freund als Karl Schrader.

Viele Sommer lang war das Petzower Schriftstellerheim unser bevorzugtes Urlaubsdomizil. Hier fühlten wir uns wohl und geborgen, denn das Heimleiterehepaar Emmy und Martin Zeisberg sorgte für eine Atmosphäre, wie man sie nur aus den besten Familien kennt.

Zu den angestammten Mitgliedern unseres Urlauberkollektivs gehörte mein guter Freund **Peter Brock**, einer unserer beliebtesten Kinderbuchautoren. Peter war ein Entertainer ersten Ranges. Wenn er aus seiner Frühzeit als Rundfunkdramaturg beim von ihm »Handelssender Lalle« genannten Landessender Halle erzählte und dabei die herrlichsten Anekdoten über seinen sowjetischen Kulturoffizier Major Krotow zum Besten gab, bogen wir uns vor Lachen. Nur Peters sonst so geduldige Frau Rut verlagerte in solchen Momenten ihre Augenbrauen bis tief unter die Ponyfransen. »Mehr als achttausendmal«, entschuldigte sie sich bei uns, »könntet ihr die Krotow-Geschichten auch nicht ertragen.«

Zu Peter Brocks Urlaubsritualen gehörte auch eine morgendliche Zeitungsschau auf der Terrasse, die allerdings nur aus der Verlesung der Heiratsannoncen bestand. Dabei kam es auf die Identifizierung der schnell hintereinander gelesenen Abkürzungen an, wie zum Beispiel: misfagusch (mit Sinn für alles Gute und Schöne) oder: emelwea (marxistisch-leninistische Weltanschauung) oder: Kidwirtschvers (Kinder wirtschaftlich versorgt). Peters schönste Entdeckung war: kleikörperfbevorz (kleiner Körperfehler bevorzugt).

Mitten in unsere Runde albern gackernder Hühner platzte eines strahlenden Sommermorgens ein neuer, uns allen unbekannter Gast. Nachdem er uns vom Heimleiter als Prof. Mauricius vorgestellt worden war, der nach langem Aufenthalt in asiatischen Ländern dringend der Ruhe bedürfe, vollzog er eine vollendete Verbeugung und setzte sich an ein kleines Tischchen in der hintersten Ecke der Terrasse. Dergleichen war in unserem Heim nicht üblich. Außerdem wirkte der Neuankömmling trotz seines korrekten Deutschs höchst exotisch, wenn nicht ein wenig lächerlich.

Doch Peter Brock und mich faszinierten weniger die halbmeterlange Zigarettenspitze aus Bambus, die klingelnden Kettchen an den Fußgelenken und der überdimensionale Fächer, mit dem sich der ätherische Professor Kühlung verschaffte, als vielmehr seine bemerkenswert abstehenden Ohren. Diese nämlich verliehen ihm eine geradezu frappierende Ähnlichkeit mit Dr. Kimble, dem Helden einer allwöchentlich wiederkehrenden amerikanischen Fernsehserie. Bewußter Dr. Kimble war in den falschen Verdacht geraten, seine Frau ermordet zu haben und entging nun Folge für Folge jeweils mit knapper Not seinen Häschern.

Peter und ich begaben uns zum Tisch des geheimnisvollen Fremden. Wir bedankten uns für das große, in uns gesetzte Vertrauen, das wir nicht

enttäuschen würden. Der Professor sah uns verständnislos an.

»Aber ich bitte Sie«, sagte Peter Brock mit ernster Verschwörermiene, »wir haben Sie natürlich sofort erkannt, verehrter Dr. Kimble! Doch seien Sie unbesorgt, von uns erfährt niemand etwas. Schon gar nicht die Polizei!«

Prof. Mauricius errötete heftig. »Sie irren sich! Eine Verwechslung. Ich bin nicht ... Wen glaubten Sie erkannt zu haben?« Ich legte dem ohnehin peinlich Berührten mütterlich die Hand auf den Arm. »Lieber Dr. Kimble, beruhigen Sie sich, bei uns sind Sie in absoluter Sicherheit!«

»Ich sagte Ihnen doch, daß Sie mich verwechseln«, stieß der Professor erregt hervor. »Mein Name ist nicht Kimble, sondern Mauricius. Wenn Sie es wünschen, zeige ich Ihnen meinen Paß.«

»Aber gewiß doch«, entgegnete Peter Brock, »natürlich haben Sie einen Paß, auf welchen Namen und woher auch immer. Gottlob gibt es ja viele Leute, die von Ihrer Unschuld überzeugt sind, lieber Dr. Kimble, genau wie wir.«

Nun hatte der Professor genug von unserem Geschwätz. Möglicherweise war ihm auch ein bißchen unheimlich zumute. Jedenfalls rannte er quer über die Terrasse und verschwand im Haus. Bis zum Abendessen ließ er sich trotz des schönen Wetters nicht mehr im Freien blicken.

»Recht guten Appetit, Dr. Kimble«, flüsterte ihm Peter beim Betreten des Speisesaals zu. Nunmehr erbleichte der Angesprochene. Der Appetit schien ihm verleidet zu sein. Er kaute nervös an einer Stulle und betupfte wieder und wieder seine schweißnasse Stirn mit der Serviette. Als Peter und ich ihm galant mit unseren Biergläsern zuprosteten und ihm durch Auflegen des Zeigefingers auf den Mund bedeuteten, daß wir sein Geheimnis zu wahren gedächten, sprang er abrupt auf und entfernte sich in sein Zimmer.

Peters Frau und mein Mann machten uns heftige Vorwürfe wegen unseres ungebührlichen Betragens. Allerdings mußten sie zugeben, daß der Professor wirklich äußerst seltsam reagiert hatte.

Nach einem gelächterreichen Abend voller Mutmaßungen über den mysteriösen Mann beschloß Peter Brock, sich bei dem Ärmsten am nächsten Morgen zu entschuldigen.

Zu unserer Verblüffung erfuhren wir vom Heimleiter, daß sich der Professor nach unseren gewohnten Essenszeiten erkundigt und sogleich beschlossen hatte, künftig eine halbe Stunde früher als wir zu erscheinen.

Also setzte sich Peter Brock tags darauf schon um 7.30 Uhr in die Aufenthaltshalle vor dem Speisesaal, schaltete das Radio ein und wartete voll ehrlicher Zerknirschung auf den verstörten Gast.

Als der schließlich auf leisen Sohlen eintrat und Peter gerade zu einer wohlpräparierten Rede anheben wollte, sagte der muntere Radiomoderator: »In Berlin nichts Neues, meine Damen und Herren, es ist nach wie vor tropisch heiß und Dr. Kimble immer noch auf der Flucht ...«

Prof. Mauricius erstarrte. Aber nur für die Dauer einer Schrecksekunde. Dann drehte er sich auf dem Absatz um und rannte wie von Furien gehetzt davon. Von Stund an wurde ihm das Essen auf dem Zimmer serviert. Nur manchmal noch sahen wir seinen asiatischen Habitus im Gebüsch aufblitzen, wenn er nämlich auf unwegsamen Pfaden zum See schlich.

Es muß Anfang der sechziger Jahre gewesen sein, als ich **Martha Weber** kennenlernte. Die aus dem Erzgebirge stammende Dichterin war von Hause aus Bäuerin, ein einfacher, liebenswerter Mensch mit einer starken Hinwendung zu allem, was da wuchs, kreuchte und fleuchte. Louis Fürnberg hatte früh ihr Talent zur Naturlyrik entdeckt, und es war wohl seiner Empfehlung zu danken, daß der Aufbau-Verlag 1961 ihr Gedichtbändchen »Die Eberesche« veröffentlichte.

Nun weilte Martha Weber für ein paar Urlaubswochen in unserem Schriftstellerheim »Friedrich Wolf« in Petzow, direkt am Ufer des idyllischen Schwielowsees gelegen. Nie vorher hatte sie ihre

Berge verlassen. Irgendwie war es ihr auch ein bißchen unheimlich, so weit weg von zu Hause zu sein, zumal sie sich Sorgen um ihre Hühner, Gänse und Kaninchen, den Blumen- und den Gemüsegarten machte. Doch mit allen Sinnen genoß sie die so ganz andersartige Schönheit des märkischen Landes, dessen Flora immer neue Überraschungen für sie bereithielt.

Täglich nach dem Frühstück ging Martha Weber spazieren, und wenn sie pünktlich zum Mittagessen zurückkam, berichtete sie über ihre Entdekkungen in Wald und Flur wie über unvorstellbare Wunder. Sie rührte uns oft mit ihren fast kindlichen Schwärmereien, selbst für die in unseren Augen langweiligen, weil militärisch exakt ausgerichteten Obstplantagen der Werderschen Bauern vermochte sie sich zu begeistern.

Als sie eines Tages wieder von einem ihrer Ausflüge heimkehrte, wirkte sie ein wenig bedrückt. Neugierig erkundigten wir uns, ob ihr etwas Unangenehmes widerfahren sei. »Wie mersch nimmd«, sagte Marthel in ihrer arglos-freundlichen Art. »Ich geh da so im Walde schbaziern, dänk an garnischd, un da, off ehmol – ä Gedischt! Un geen Babier!!«

Unter dem Dach des Hauses Kronenstraße 73/74 koexistieren zwei Verlage, deren Editionen sich höchster Publikumsgunst erfreuen, denn sie bedienen einerseits das Bedürfnis nach Humor und Satire (Eulenspiegel) und andererseits das ebenso große nach Science fiction, Abenteuer- und Kriminalliteratur (Das Neue Berlin).

Langjährige Lektorin des letztgenannten Unternehmens war Ingeborg Siebenstädt. Unter ihrer Obhut entstand die vielgefragte »Blaulicht«-Reihe, dünne Heftchen mit kriminalistischen Shortstorys. Die ausgewiesenen Autoren dieses Genres konnten den ständig steigenden Bedarf bei weitem nicht decken, weshalb die Lektorin jedes von Hobby-Schreibern unverlangt eingesandte Manuskript hoffnungsvoll prüfte. Leider handelte es sich nur in den seltensten Fällen um druckreife Werke.

Mit der Zeit gewann Ingeborg Siebenstädt den Eindruck, daß die Produktion dieser Mini-Krimis so schwierig eigentlich nicht sein könne. Immerhin hatte sie ihren Autoren ja oft genug gepredigt, was zu beachten und was tunlichst zu unterlassen sei. Als ihr eines Tages eine ihrer Ansicht nach brauchbare Idee zuflog, setzte sie sich hin und schrieb flott und mit wachsendem Spaß an der Sache ihr erstes »Blaulicht«-Heftchen.

Aus Furcht davor, von ihren Kollegen vielleicht nicht unvoreingenommen beurteilt zu werden, versah sie das Manuskript mit einem Pseudonym und schickte es sich selbst zu. Nun brauchte sie es nur noch mit einer kurzen, bei aller Zurückhaltung doch positiven Einschätzung zu versehen und konnte dann abwarten, welche Meinungen die Lektoratssitzung zutage förderte.

Zu ihrer Freude gefiel die Geschichte im Kollegenkreis. Man empfahl ihr sogar dringend, die Zusammenarbeit mit jenem begabten unbekannten Autor fortzusetzen.

Dieser Aufforderung kam Frau Siebenstädt nicht nur prompt, sondern auch fleißig nach. Schon nach kurzer Zeit hatte sie sich einen solchen »Blaulicht«-Vorrat erschrieben, daß sie sich mehrerer Pseudonyme bedienen mußte. Übrigens waren es immer männliche Namen. Das Bekenntnis zu ihrem eigenen Geschlecht hätte unnötiges Aufsehen erregt, denn noch niemals war im Verlag das Manuskript einer Krimis schreibenden Frau eingetroffen.

Doch auf die Dauer gefiel Frau Siebenstädt keiner der ausgedachten Namen. Entweder waren sie zu alltäglich oder zu ausgetüftelt. Bis sie endlich auf das leicht aussprechbare und zudem angelsächsisch-verheißungsvolle Pseudonym **Tom Wittgen** kam. Unter diesem Decknamen verfaßte sie 1970 ihren ersten längeren Kriminalroman.

Der wie alle seine Vorgänger angeblich ein Eremitenleben führende Tom Wittgen fertigte – wie alle seine Vorgänger – eine Vollmacht aus, die Frau Siebenstädt in den Genuß des ihr zustehenden Honorars kommen ließ. Unmittelbar danach verlor der Verlag eine tüchtige Lektorin, aber er gewann eine produktive Autorin der DDR-Kriminalliteratur.

Als sich der Eulenspiegel Verlag 1970 entschloß, meine zuvor in der bb-Reihe des Aufbau-Verlages editierte Erzählung »Das Durchgangszimmer« herauszubringen, suchte ich nach einem geeigneten Illustrator. Dabei traf ich zufällig **Werner Klemke** und fragte ihn: »Könnten Sie mir nicht einen jungen, begabten, vor allem sehr berlinischen Zeichner empfehlen?«

»Wollnse damit sagen, det ick Ihnen zu alt bin?« entgegnete er scharf.

Ich errötete vor Freude über das unerwartete Angebot und beeilte mich, dem Verlag die frohe Botschaft zu übermitteln. Doch Ausstattungsleiter Peter Baarmann wiegte skeptisch sein Haupt. Er gab zu bedenken, daß Klemke mit Aufträgen überhäuft sei, daß er in seiner Gutmütigkeit nicht nein sagen und so infolge ständiger Überlastung kaum einen Termin einhalten könne.

Da mir am raschen Erscheinen des Büchleins ebenso gelegen war wie an seiner Aufwertung durch die Mitarbeit des prominenten Illustrators, klagte ich hinter Klemkes Rücken seiner Frau Gertrud mein Leid. Sie versprach, sich um die Sache zu kümmern.

Dann hörte ich lange Zeit nichts mehr, nur, daß Klemkes eine Woche vor dem Abliefertermin nach Hiddensee in Urlaub gefahren seien. Meine Stimmung sank auf den Nullpunkt. Doch pünktlich, wenn auch in allerletzter Minute, trafen die Illustrationen im Verlag ein. Gertrud Klemke hatte das

Manuskript als Urlaubslektüre mitgenommen, und weil ihr die Geschichte gefiel, tötete sie ihrem Mann so lange den Nerv, bis er, der zum Bade lokkenden See trotzend und heftig schwitzend hinterm Zeichenbrett sein Versprechen erfüllte.

Im Herbst 1954 lernte ich im Presse-Club einen gutaussehenden Journalistik-Studenten kennen. Wir waren äußerst vergnügt, tanzten, redeten und lachten miteinander und entdeckten nicht ohne ein gewisses Prickeln in der Herzgegend viele Gemeinsamkeiten. Als er mich zu später Stunde, wie es damals für einen Kavalier selbstverständlich war, nach Hause begleitete, hatten wir schon den ersten Krach. Ich weiß nicht mehr, worüber wir stritten, aber es wurde ziemlich deutlich, daß wir beide Choleriker von hohen Graden waren.

Vor meiner Pankower Haustür angekommen, hatte ich von diesem rechthaberischen, dickköpfigen Menschen eigentlich schon genug. Ich wollte ihm nur noch ein paar gezielte, möglichst geistreiche Hiebe verpassen und mich dann abrupt und für immer verabschieden. Da begann er plötzlich zu deklamieren: »Du wirst mich eines Tages lieben müssen / so selbstverständlich, wie die Jahreszeiten / einander folgen.«

Übergangslos setzte ich fort: »Und du wirst mich küssen, / ohne zu fragen, ob ich dir bereiten / Herzens begegne. Haben doch die warmen / Strahlen der Sonne mit der tiefverschneiten / schlafenden Erde auch nicht mehr Erbarmen. / Und Berge, Wiesen, Wälder, sie vertrauen / sich ihnen an, wie ich mich deinen Armen / und deinen Lippen und dem Glanz der blauen / wachsenden Tage lächelnd übergebe. / Du wirst den Frost von meiner Seele tauen, / daß ich erwache, Liebster, daß ich lebe.«

Als ich geendet hatte, wurde ich dunkelrot. Eben noch war ich fest entschlossen gewesen, einen lästigen Diskutierer fortzuschicken, und nun machte ich ihm praktisch Avancen. Aber es waren ja gar nicht meine Worte, die da unwillkürlich wie durch ein geöffnetes Schleusentor herausdrängten, sondern die einer Dichterin.

Der junge Mann sah mich strahlend an. »Du kennst Annemarie Bostroems ›Terzinen des Herzens‹? Das ist ja phantastisch!«

»Die kennt doch jeder«, brummte ich, immer noch mit meiner Verlegenheit kämpfend.

»Jeder nicht«, sagte er mit weicher Stimme, »die meisten sind zu dumm oder zu stumpf, um Poesie zu empfinden. Du nicht. Wie schön!«

Und während er wie absichtslos nach meiner Hand griff, zitierte er weiter: »Ich werde nie um deine Liebe bitten, / ich fordre sie, mein Recht und deine Pflicht. / Obwohl ich fast den Tod um dich gelitten, / weiß ich, du liebst mich, und du weißt es nicht.«

Fast wie in Hypnose sprach ich weiter: »Du glaubst noch zu entrinnen aus den Ketten, / die dir mein Sehnen um die Seele flicht. / Doch meine Arme warten, dich zu betten, / und meine Augen suchen dein Gesicht.«

Während meiner letzten Worte hatte er mir ganz sanft den Hausschlüssel entzogen und sperrte die Tür auf. Beim Abschiednehmen am nächsten Morgen bemühte ich erneut die Dichterin Annemarie Bostroem: »Nur das nicht, daß ich mich daran gewöhne, / daß du den Weg zu mir gefunden hast.« Und er vollendete: »Nur das nicht, daß das unaussprechlich Schöne, / das mich in deiner Gegenwart erfaßt, / alltäglich wird, beraubt des reinen Glanzes / des Einzigartigen.«

Alltäglich konnte es schlechterdings nicht werden, denn er studierte in Leipzig, und ich arbeitete in Berlin. Aber an den Wochenenden kam er zu Besuch. Als unsere Beziehung ihren vorgezeichneten Weg von den poetischen Höhen in die prosaischen Täler nahm, wurde die Unverträglichkeit unserer allzu ähnlichen Charaktere immer offenkundiger. Nach anderthalb Jahren trennten wir uns in freundschaftlichem Konsens, noch nicht ahnend, daß ein halbes Jahr später ein Unterpfand dieser Liebe geboren werden sollte.

1974 lernte ich auf einer Geburtstagsparty bei Freunden die Dichterin **Annemarie Bostroem** kennen. Ich fragte sie, warum ihre »Terzinen des Herzens« nach fünf Auflagen in den fünfziger Jahren nie wieder verlegt worden seien. Sie verstand es auch nicht, wußte aber von einer für das nächste Jahr geplanten Nachauflage zu berichten.

»Übrigens«, sagte ich zu Frau Bostroem, »könnte ich eigentlich Alimente von Ihnen verlangen. Ohne Ihre schönen Gedichte wäre ich nicht zu meiner Tochter gekommen.« Ich erzählte ihr die ganze Geschichte, und sie zeigte sich sehr amüsiert über die konstruktive Kraft ihrer Lyrik.

Diese Erfahrung sollte den Insel-Verlag zu einer weiteren Nachauflage der »Terzinen des Herzens« veranlassen. Handelte es sich doch dabei nicht nur um eine editorische Tat, sondern gewissermaßen um eine sozialpolitische Maßnahme zwecks Steigerung der Geburtenrate.

Mein langjähriger Nachbar **Willi Schwabe** ist nicht nur das dienstälteste Mitglied des Berliner Ensembles, sondern als Rumpelkammerherr des Fernsehens eine der bekannten und beliebten Persönlichkeiten unseres Landes. Besonders seine Berliner Fans wissen zu rühmen, daß der leidenschaftliche Benutzer öffentlicher Verkehrsmittel gewissermaßen ein Schauspieler zum Anfassen geblieben ist. Gewiefte Autogrammjäger erwischen den stets kommunikationsfreudigen Star entweder vormittags auf dem S-Bahnhof Altglienicke oder abends nach Theaterschluß auf dem Bahnhof Friedrichstraße.

Eines Tages traf ich Willi Schwabe ebenfalls in der S-Bahn. Er erzählte, daß eine bekannte Schauspielerin und BE-Kollegin sehr böse auf mich sei, weil ich sie angeblich in einer Kurzgeschichte veralbert hätte. Er habe es nicht glauben wollen, weil er sowohl von ihr als auch von mir wisse, daß wir jahrelang einen geradezu freundschaftlichen Konnex hatten. Außerdem habe sie immer dankbar von der schönen Rolle gesprochen, die sie in der Verfilmung einer meiner Erzählungen spielen durfte.

Ich fühlte mich sehr niedergeschlagen, denn was ich da zu Papier gebracht hatte, war zwar stark ironisiert, aber für den intelligenten Leser eindeutig als eine Eloge an die von mir verehrte Aktrice zu erkennen. Willi Schwabe bestand auf der Lektüre der von ihr mißverstandenen Kurzgeschichte. Da ich gerade auf dem Weg zu einer Lesung war, hatte ich das Buch zufällig bei mir und konnte seinem Wunsch entsprechen.

Als er zu Ende gelesen hatte, fragte Willi Schwabe, der in Gelddingen als ein wenig heikel gilt, vorsichtig: »Was müßte ich wohl anlegen, wenn Sie etwas Ähnliches über mich schrieben?«

Prominente Persönlichkeiten genießen es durchaus, wenn sie in der Öffentlichkeit erkannt und gar um Autogramme gebeten werden. Jene, die angeblich den anonymen Zeitgenossen um sein ruhiges, von Bewunderern unbehelligtes Leben beneiden, lügen allemal. Ich habe Künstler, speziell Schauspieler und Schlagersänger erlebt, die wuschig und sogar unleidlich reagierten, wenn sie nicht spätestens nach zehn Minuten von verständnisinnig lächelnden Passanten identifiziert wurden.

Wer intelligent und souverän genug ist, sich zu dieser berufsbedingten Eitelkeit zu bekennen, wirkt auf dritte wesentlich sympathischer. Meine dienstälteste Freundin **Berta Waterstradt** berichtete von einem Erlebnis, aus dem sie mit einer vorübergehenden Selbstbewußtseinstrübung hervorging.

Sie war zum Zwecke einer Laboruntersuchung ins Krankenhaus Buch bestellt worden und saß wartend auf einer Bank im Korridor. Eine vorübereilende junge Ärztin verhielt plötzlich den Schritt, ging auf Berta zu und fragte: »Sind Sie nicht Berta Waterstradt?«

Die nickte und errötete vor Freude. Immerhin war sie zu dem Zeitpunkt schon 75 Jahre alt und erlebte es nicht mehr allzu häufig, daß sich junge Leute ihrer erinnerten. Ihre großen Erfolge, besonders der von ihr geschriebene und von Kurt Maetzig inszenierte DEFA-Film »Die Buntkarierten«, waren schon Bestandteil der DDR-Kulturgeschichte. Solange sie für das »Magazin« lustige gereimte Städtebilder schrieb, wurde sie wegen der von Elizabeth Shaw beigesteuerten porträtähnlichen Karikaturen auf Schritt und Tritt erkannt, aber das lag auch schon wieder über ein Jahrzehnt zurück.

Und nun sagte eine junge Ärztin in einem halbdunklen Krankenhauskorridor: »Ich wußte sofort, daß Sie Frau Waterstradt sein müssen. Ihren Namen werde ich nie vergessen!«

»Und warum?« fragte Berta geschmeichelt, in der Hoffnung, eine Eloge auf das eine oder andere ihrer Werke zu hören. Da antwortete die Ärztin stolz: »Sie waren nicht nur mein erster, sondern auch mein schönster Zwerchfellbruch.«

Etwas Ähnliches passierte dem Schauspieler **Kurt Böwe** vor vielen Jahren. Er war noch keineswegs der von den Berlinern favorisierte Star des Deutschen Theaters und hatte auch bei Film und Fernsehen noch nicht von sich reden gemacht. Aber am Landestheater Halle spielte er, bejubelt von Publikum und Kritik, bereits alles, was gut und teuer war.

Eines schönen Frühlingstages saß er auf einer Parkbank, um eine Rolle zu lernen. Da kam ein äl-

terer Wanderer des Wegs, fragte höflich an, ob es gestattet sei, und ließ sich neben Böwe nieder. Während der in sein Textbuch sah, spürte er die grübelnden Blicke des alten Mannes.

Gleich, dachte Böwe, aufgeregt wie ein Teenager beim ersten Rendezvous, gleich wird er's wissen und mich ansprechen! Er tastete schon einmal vorsichtig seine Jackettaschen nach Autogrammpostkarten ab.

Der alte Mann schwieg noch immer, aber hinter seiner Stirn arbeitete es sichtlich. Böwe konnte es kaum noch ertragen und wollte mit einem kleinen Hinweis dienen. Aber der Alte gebot mit einer Geste Einhalt und sagte im schönen Hallenser Sächsisch: »Hälfense mir ni, ich gomm glei selber droff, wo ich Sie hinduhn muß.«

Nach weiteren Sekunden angestrengten Nachdenkens war der Groschen endlich gefallen. Triumphierend stieß der Mann seinen Zeigefinger gegen Böwes Brust und rief: »WBK Roschdok – stimmts?«

An seine Zeit in Halle denkt Kurt Böwe trotzdem dankbar zurück, denn hier fand er in Gestalt seiner jungen Kollegin **Heide Schönknecht** den Partner fürs Leben. Heide ist nicht nur eine bemerkenswert schöne, sondern auch eine kluge Frau. Obwohl ihr von kompetenten Leuten bescheinigt wurde, daß ihr Talent die Hoffnung auf eine Karriere zulasse, hängte sie den geliebten Schauspielerberuf an den Nagel. Sie erklärte mir ihre Entscheidung damit, daß sie mehr noch als die Bühne ihren Mann liebe und außerdem nicht die Kraft habe, im Schatten einer so starken künstlerischen Persönlichkeit als Kümmerling zu existieren.

Doch die Kinder- und Gattenbetreuung allein füllte Heide auch nicht aus. Deshalb absolvierte sie ein langjähriges Philosophie-Fernstudium, und inzwischen hat sie sich als die Hörspieldramaturgin Heide Böwe einen in Kennerkreisen hochgeschätzten Namen gemacht.

Eines Abends traf ich Heide und die wundervolle Charakterkomikerin **Trude Bechmann** vor dem Kino »International«. Da bis Vorstellungsbeginn noch eine halbe Stunde Zeit war, gingen wir auf eine Tasse Kaffee in die benachbarte Mokka-Milch-Eis-Bar.

Als wir unsere Bestellung aufgaben, sagte Trude Bechmann im schönsten Österreichisch: »I hab da am Buffet so a wunderschöns Nußtörterl g'sehn. Dös wenns mir bringen möchten, bittschön!«

Die Serviererin, nicht gerade eine Zierde der Berliner Gastronomie, sah mokant lächelnd auf die Bechmann herab und entgegnete: »Kann ick Ihnen nich empfehlen. Zu hart für Sie, die Nuß.«

Aber die kämpferische alte Dame ließ sich von einer Berliner Kodderschnauze nicht ins Bockshorn jagen: »Wenn i Hammer und Sichel heut a net mithab«, parierte sie kühl, »i werds scho derbeißen.«

Die eindrucksvollste Gestalt des Petzower Schriftstellerheims war Arco, ein rabenschwarzer Neufundländer. Heimleiter Martin Zeisberg hatte ihn von einem ortsansässigen Züchter gekauft, und eigentlich war dem kalbsgroßen Tier die Rolle des wachsamen Zerberus zugedacht. Doch die vielen Schriftstellerkinder und vor allem die drei Enkeltöchter des Heimleiters hatten Arco schon bald zum gutmütigen Spielhund umerzogen, dessen Raubtierinstinkt nur noch beim Auftauchen des Briefträgers funktionierte. Dann aber so nachdrücklich, daß die Angelegenheit jeweils vor dem dörflichen Schiedsgericht ausgetragen werden mußte.

Eines Tages unternahmen **Berta Waterstradt** und die Frau eines Schriftstellerkollegen einen Spaziergang ins Dorf. Vor dem Gemischtwarenkonsum lümmelte Arco herren- und leinenlos im Grase und ließ sich die Sonne auf den Pelz scheinen. Die beiden Damen machten dem pflichtvergessenen Wächter Vorwürfe für seine unerlaubte Entfernung von der Truppe und forderten ihn strengen Tones auf, mit nach Hause zu kommen.

Arco blinzelte träge und scherte sich einen feuchten Hundedreck um die Befehle dieser Frauchen, die nicht die seinigen waren. Allerdings hatte er nicht mit der Beharrlichkeit und den wachsenden Kräften der beiden gerechnet, denn als alles Zureden nicht half, packten sie ihn an Halsband und Schwanz. Während die eine den widerstrebenden Riesenhund zog, stemmte sich die andere gegen sein kräftiges Hinterteil und schob ihn. Die Plackerei erstreckte sich über einen Kilometer und dauerte länger als eine Stunde.

Als sie schweißüberströmt das Heimgelände erreichten, sprang ihnen ein munter kläffender Arco entgegen und balgte sich fröhlich mit seinem Doppelgänger. Erst Martin Zeisberg konnte den mysteriösen Vorgang klären: Die beiden Damen hatten den Hund der Konsumverkäuferin gekidnappt, und der war kein anderer als Arcos Zwillingsbruder.

Schriftsteller ist bekanntlich kein Lehrberuf. Aber wie wird man Schriftsteller? Korrekt ist wirklich nur die Antwort: Indem man zu schreiben beginnt und das Geschriebene schließlich in Buchform auf dem Markt erscheint. Wer aber hat denn das Bedürfnis, einen gewerkschaftlich garantierten Achtstundentag, bezahlten Urlaub und andere Vergünstigungen aufzugeben, um sich einer so nervenaufreibenden und unsicheren Sache wie der Schriftstellerei zuzuwenden?

Empirische Forschungen beweisen, daß eine große Anzahl von DDR-Schriftstellern ursprünglich Lehrer oder Journalisten waren. Ein Umstand übrigens, der interessante Rückschlüsse auf die Volksbildung wie auf das Pressewesen zuläßt. Auch die langjährige Vorsitzende des Schriftstellerverbandes im Bezirk Cottbus, meine Freundin **Dorothea Kleine**, kämpfte einst an der journalistischen Front, und zwar beim FDGB-Zentralorgan »Tribüne«. Hier hatte sie eines in den fünfziger Jahren anbrechenden Tages den Aufruf des Bundesvorstandes zur Bildung von Frauenausschüssen mit der Schlagzeile versehen: »Kolleginnen, wahrt eure Rechte!«

Der Metteur, der die Überschrift per Hand setzen wollte, rief Dorothea zu, die Zeile sei zu lang. Da sie gerade anderweitig beschäftigt war, empfahl sie ihm, eventuell einen kleineren Schriftgrad zu wählen. Wenige Minuten später ließ er verlauten, nun sei die Sache in Ordnung gebracht.

Dorothea glaubte, einen so simplen Vorgang nicht noch einmal überprüfen zu müssen. Doch am nächsten Tag entnahm sie ihrer Zeitung, wie der offenbar emanzipationsfeindliche Metteur das Platzproblem individuell gelöst hatte. Die Schlagzeile hieß nun: »Kollegen, wahrt eure Rechte!«

Ihre erste Reise nach Leningrad unternahm **Dorothea Kleine** in den siebziger Jahren als Betreuerin junger DDR-Autoren. Einer von ihnen berichtete aufgeregt, er habe im Schaukasten eines Kinos auf dem Newski-Prospekt Plakate gesehen, die Dorothea als Autorin des gerade angelaufenen Spielfilmes auswiesen. Den Titel könne er nicht nennen, nur das Wort »Polizeiruf 110« sei für ihn übersetzbar gewesen.

Dorothea wunderte sich, daß die Fernsehserie in den Spielplan sowjetischer Kinos aufgenommen worden war. Da sie mehrere Folgen geschrieben hatte, wollte sie gern wissen, welche davon das Licht der Leinwand erblicken durfte. Also ging sie zum Kino, kaufte eine Karte und betrat den Zuschauerraum.

Er war, bis auf fünf oder sechs versprengte Besucher, leer. Dorothea beschloß abzuwarten, ob es sich wirklich um ein Stück von ihr handele. Wenn ja, mußte sie, dank ihrer Kenntnis des Originals, nicht bleiben. Wenn nein, auch nicht – dank nicht vorhandener Russisch-Kenntnisse. Deshalb besetzte sie einen günstigen Fluchtplatz in der Nähe des Ausgangs.

Die Vorstellung begann, und zwar mit einem Kulturfilm über Bergziegen. Ihm schloß sich ein Dokumentarfilm über die verschiedenen Bearbeitungsmöglichkeiten von Marmor an. Dem wiederum folgte ein populärwissenschaftliches Werk über Kaulquappen. Danach ging das Licht an, die

Tür auf, und herein strömten Hunderte Leningrader Kino-Fans.

Dorothea wurde alsbald von ihrem günstigen Eckplätzchen vertrieben und mußte sich den Sessel suchen, für den ihre Karte galt. Er befand sich genau in der Mitte des Parketts. Nicht das russische Schriftinsert, sondern das vertraute Gesicht Rolf Ludwigs verriet der Autorin den Titel ihres Krimis: »Der Ring mit dem blauen Saphir«. In einer Szene ziemlich am Anfang will der Held das Herz seiner Angebeteten durch ein besonderes Präsent gewinnen: eine Flugreise nach Leningrad. Darauf mault das kleine Töchterchen der Frau: »Na und ich? Ich will auch mit! Ich war doch in meinem ganzen Leben noch nie in Leningrad!«

Diese für alteingesessene Leningrader rührend-komische Bemerkung löste freundliches Gelächter aus. Dorothea wollte die entstandene Bewegung nutzen, um das Kino ohne größere Lärmentfaltung zu verlassen. Da aber wurde sie nicht nur heftig angezischt, sondern auch energisch in ihren Sessel zurückgezogen. Dort ertrug sie ihren Film brav bis zum Ende, inmitten der heimatliebenden Leningrader. Und hatte sie also verstanden.

Wenn ein Bürger unseres Landes, nach seinem Beruf befragt, »Raritätenhändler« angibt, so kann es sich durchaus um eine Synonymbezeichnung für den altehrwürdigen Begriff »Buchhändler« handeln. Gewiß gibt es bei uns viele Bücher zu kaufen, aber viele der vielen reichen dennoch nicht aus.

Objektiven Schwierigkeiten begegnet man am besten mit subjektiven Verbesserungsvorschlägen. Da Leute, beschäftigt mit Literaturvertrieb und Literaturpropaganda, im allgemeinen sehr einfallsreich sind, kamen sie auf eine ebenso einfache wie durchschlagende Idee. Ein Autor, sagten sie sich, ist unter Umständen leichter zu haben als sein Bestseller. Soll er also den Lesern aus seinem Werk vorlesen.

Seither ist die gute alte Tradition der Autorenlesung zu höchster Blüte gelangt. Die Autoren des Eulenspiegel Verlages, deren heitere und satirische Hervorbringungen zu den Favoriten einer großen Leserschar zählen, sind deshalb ständig auf Lese-Tournee.

Im Jahre 1977 absolvierte ich einen literarischen Vortragsabend im gemütlichen Studiotheater des Dresdner Kulturpalastes. Gerade zu diesem Zeitpunkt war mein Kurzgeschichtenbändchen »Bei Lehmanns hat's geklingelt« in einer nicht gerade beleidigenden, aber keineswegs ausreichenden Auflage erschienen.

Meine Dresdner Gäste hatten es allerdings überhaupt noch nicht zu Gesicht bekommen. Eine junge Dame aus dem Publikum regte an, man solle doch wenigstens allen Interessenten namens Lehmann ein Exemplar reservieren. Erfreut von ihrem pfiffigen Kompliment versprach ich ihr auf der Stelle ein Buch aus meinen eigenen Beständen. Worauf sich weitere Gäste meldeten und um gleiches Recht für gleichen Namen ersuchten.

Im Zugzwang meines spontanen Angebots erklärte ich, alles, was Lehmann heiße, möge mir seine Adresse geben. Die Reaktion war ungeheuer. Jeder zweite Gast des Abends bekannte sich zu einem Namen, der in Berlin als Zeichen alten Portieradels gilt. Nachdem ich die fünfte Adresse notiert und im Kopf überschlagen hatte, bei welchem Lehmann mein wirtschaftlicher Ruin perfekt sei, verlangte ich die Vorlage der Personalausweise. Und siehe da, kein Anwärter beharrte mehr auf seinem Anspruch.

Die fünf Exemplare »Bei Lehmanns hat's geklingelt« habe ich den ersten Antragstellern selbstverständlich per Geschenksendung zugestellt. Ich erhielt fünf Bestätigungen und sogar ein Fleurop-Angebinde. Allerdings waren nur zwei der Dankschreiben ordnungsgemäß mit Lehmann unterzeichnet.

Sogenannte Literaturbälle gehören seit langem zu den beliebten Einrichtungen in unserem Lande. Was sonst ein gewöhnlicher Schwof mit Gesangseinlage mehr oder weniger guter Schlagersänger wäre, wird durch einen Buch-Basar und die Mitwirkung vorlesender Schriftsteller zu einer kulturellen Veranstaltung.

Vor vielen Jahren wurde ich, gemeinsam mit meinen Kollegen **Heinz Kahlow** und **John Stave**, zu einem solchen Literaturball in den historischen Berliner Prater in der Kastanienallee gebeten. Wir lasen einem äußerst geneigten Publikum unsere Schnurren und Satiren vor und überließen danach die Bühne wieder den professionellen Unterhaltungskünstlern.

Unter denen befand sich der damals noch weitgehend unbekannte Sänger **Jürgen Walter**. Weiß der Himmel, woran es lag, daß sein Vortrag an diesem Tag nicht recht überzeugte. Vielleicht machte sich ein grippaler Infekt an seinen Stimmbändern zu schaffen, vielleicht war es auch nur die Aufregung, die sein Timbre trübte. Als er geendet hatte, rührte sich jedenfalls für Bruchteile einer Sekunde keine Hand.

Und in diese Stille hinein sagte Jonnys respektlose Gattin, die Schriftstellerin **Gabriele Stave**, laut und vernehmlich: »Alle Achtung – Monsieur 100 Volt!«

Die Anspielung auf den französischen »Monsieur 100 000 Volt« Gilbert Bécaud wurde von den

Umsitzenden sofort verstanden, und prompt brandete ein so gewaltiger Applaus auf, wie ihn Jürgen Walter inzwischen dank eigener Leistung längst gewöhnt ist.

1954 schrieb ich für die »BZ am Abend« mein erstes Künstlerporträt. Es trug den Titel »Liebe auf den dritten Blick« und war dem damals sehr populären Gesangs- und Lebens-Duo **Sonja Siewert** und **Herbert Klein** gewidmet. Im Laufe der Zeit kreuzten sich unsere Wege immer wieder, denn Herbert Klein, inzwischen wackerer Streiter an der kulturpolitischen Front, lud mich gelegentlich zu Lesungen in von ihm betreute Klubhäuser ein.

Besonders gern war ich in seinem Wohngebietsklub in der Aalesunder Straße. Als er mich in den siebziger Jahren wieder einmal um einen Besuch bat, versprach er mir als besondere Überraschung die Anwesenheit einer guten alten Bekannten aus der Gilde der singenden »Oldies«. Ihren Namen wollte er allerdings noch nicht verraten.

Am Abend der Lesung wurde ich aufs herzlichste von **Christel Schulze** begrüßt. Ich verehrte die Chanson- und Folkloresängerin schon seit langem, war ihr aber noch nie zuvor begegnet. Das wiederum bestritt Frau Schulze energisch.

Obwohl sie keine optische Erinnerung mehr an mich hatte, war sie doch felsenfest davon überzeugt, mich nach einer Varietéveranstaltung etwa zu Beginn des Jahres 1956 gemeinsam mit zwei befreundeten Clowns besucht zu haben. Ich hätte die zu später Stunde unangemeldet eindringenden Gäste freundlich in meiner eleganten Wohnung empfangen und lediglich darauf bestanden, daß im Interesse der kostbaren Teppiche die Straßenschuhe gegen karierte Latschen auszuwechseln seien. Nie aber würde sie mir vergessen, daß sie nach Beendigung des feuchtfröhlichen Meetings die originelle Fußbekleidung als Souvenir mit nach Hause nehmen durfte. Ihr derzeitiger Collie sei nun schon die dritte Hundegeneration, die sich spielend mit den Holland-Moritz-Latschen vergnüge.

Ich versicherte ihr, daß kein einziges Detail dieser Geschichte auch nur Spurenelemente von Wahrscheinlichkeit enthalte. Zu dem von Christel Schulze gemutmaßten Zeitpunkt lebte ich hochschwanger und ziemlich unbemittelt in einem möblierten Durchgangszimmer, dessen Dielen von einem schäbigen Kokosläufer bedeckt waren. Unangemeldete Gäste habe ich noch nie ausstehen können, obwohl ich es, wenn mir je etwas so Bewunderungswürdiges wie ein Clown die Ehre erwiese, an Gastfreundschaft gewiß nicht fehlen lassen wolle. Auch die Kleinbürgermarotte, anderen Leuten die Schuhe auszuziehen und sie gar mit unkleidsamen Latschen zu traktieren, sei mir weder eigen noch sympathisch.

Christel Schulze war wie vor den Kopf geschlagen. Es quälte sie, daß sie wohl nie mehr erfahren würde, in wessen eleganter Wohnung sie damals die karierte Spende empfangen hatte. Immerhin beschloß sie, bei erster Gelegenheit die nunmehr namenlos gewordenen sowie vom Zahn der Zeit und den scharfen Gebissen dreier Hunde strapazierten Latschen wegzuschmeißen. Dies auch auf die Gefahr hin, ihren derzeitigen Collie damit bis ins Mark zu verletzen.

Wir sprachen noch ein Weilchen über Hunde, speziell über die geradezu fanatische Liebe der Berliner zu den kläffenden Vierbeinern. Auch von der Behauptung, daß sich Herr beziehungsweise Frau und Hund im Laufe längeren Zusammenlebens äußerlich immer ähnlicher würden, war die Rede. Christel Schulze präzisierte die These insoweit, als sie meinte, ein potentieller Hundehalter wende sich von vornherein einem ihm ähnlichen Typus zu. Sie mit ihrem schmalen Gesicht und der rassigen Nase habe sich partout, wenn auch unbewußt, für nichts anderes als für einen Collie entscheiden können. Und das sei auch schon Ursache allerhand komischer Begebnisse gewesen.

Eines warmen Sommertages flitzte sie in ihrem offenen Cabriolet über die Autobahn. Auf dem Beifahrersitz thronte in gravitätischer Haltung ihr Collie, dem sie, genau wie sich selbst, wegen des Fahrtwindes ein Kopftuch umgebunden hatte.

Frau Schulze erinnerte sich, irgendwann einen Lastwagen überholt zu haben, dessen Fahrer ihr fröhlich zuwinkte. Einige Kilometer später wurde sie von einer Reifenpanne ereilt. Sie fuhr rechts ran und überlegte, ob sie den Schaden selbst beheben oder auf einen hilfswilligen Kavalier warten solle. Dem Collie war es indessen in der prallen Sonne zu heiß geworden, weshalb er sich flach in den Schatten des Fonds verdrückte.

Der erste motorisierte Ritter, der auf Christel Schulzes bittenden Wink reagierte, war eben jener fröhliche Lastwagenfahrer. Er besah den Schaden, griff zum Wagenheber und fragte, ein wenig erstaunt auf den leeren Beifahrersitz blickend: »Wo ist denn Ihre Frau Mutter abgeblieben?«

Während seines Journalistikstudiums entpuppte sich **Jochen Petersdorf** als Spielernatur und unentbehrliche Stütze des Kabaretts »Rat der Spötter«. Nachdem er zu einer tragenden Säule der Zeitschrift »Eulenspiegel« avancierte, die er als Chefredakteur der »Funzel« sogar monatlich einmal zur kostenlosen Beilage herabqualifiziert, ist er inzwischen auch für die Adlershofer Televisionäre zum rettenden Strohhalm in Sachen Humor und Satire geworden. Das kann jeder bestätigen, der Petersdorf als witzig-charmanten Reporter der Live-Sendung »Berlin original« oder als Vortragskünstler eigener Texte aus verschiedenen, ohne ihn weniger bunten »Kesseln« kennt.

Am liebsten aber durchstreift er die Weiten unserer kleinen Republik, um auch noch in den entlegensten Kulturhäusern zu beweisen, daß »Entertainment« zu Unrecht ein englisches Wort ist. Da er jedoch ungern allein reist, weil er nicht gern allein Bier trinkt, überredete er mich eines nicht sonderlich schönen Apriltages zu einer Tingelei in einem Ostseestädtchen.

Mir wäre die Fahrt zu weit gewesen, hätte Jochen nicht beiläufig den Satz getan: »Die haben übrigens Räucheraal und sind außerordentlich spendabel!«

Unsere Gastgeber waren sehr freundlich, und sie überreichten uns am Ende der Veranstaltung je ein längliches, verlockend duftendes Päckchen. Als ich auf der Heimfahrt mit flatternden Händen das Per-

gamentpapier entfernte, blickten mich sieben Bücklinge aus starren Augen an.

Meinen Wutanfall konterte Jochen mit überlegener Geste: »Was kann ich für deine Unbildung? Schließlich weiß jedes Kind, daß der Aal in Monaten mit r nicht läuft!«

Im Jahre 1975 kreierte der Eulenspiegel Verlag seine mittlerweile zu einer schönen Tradition gewordene Veranstaltungsreihe »Lachen und lachen lassen«. Das ist gewissermaßen eine Großraum-Lesung unter Beteiligung von Stammautoren des Eulenspiegelhauses. Zum Zwecke musikalischer Auflockerung werden jeweils singende Schauspieler sowie der Kompo- und Pianist Henry Krtschil mit seiner Instrumentalgruppe hinzuengagiert.

Das Debüt fand in der Berliner Volksbühne statt und wurde sogar vom Fernsehen übertragen. Schon im darauffolgenden Jahr siedelten wir in den großen Saal des Palastes der Republik um und konnten von nun an in jedem September vier- bis sechsmal je 3000 Gäste zum Lachen verführen. Unseren auf Zwerchfellschonung programmierten Freunden aus Adlershof war solches Phänomen offenbar unheimlich, weshalb sie uns fortan nicht mehr mit Sende-Absichten behelligten.

In den letzten Minuten vor dem Auftritt befinden sich alle Beteiligten natürlich immer in einem Zustand hochgradiger Nervosität, wobei die lesenden Autoren übrigens von den Schauspieler-Profis bei weitem überboten werden.

Gerry Wolff, der schon einige Male in unserem Programm mitwirkte, hüpfte immer wie ein aufgeregtes Huhn hinter der Bühne herum, starrte ängstlich durch die Löcher im Vorhang und sagte mit Grabesstimme: »Nun guck dir an, was da draußen sitzt: 3000 einarmige Feinde!«

Das sollte beileibe keine Publikumsbeschimpfung sein. Schauspieler sind abergläubische Menschen. Wenn sie ihre Zuschauer Feinde nennen, hoffen sie im tiefsten Innern, jeder einzelne im Parkett möge ihr ganz spezieller Freund sein. Und als Einarmige bezeichnen sie jene, die hartnäckig den Applaus verweigern. Folglich war Gerrys makaber klingende Bemerkung nichts anderes als eine Beschwörungsformel zur Erlangung möglichst kräftigen Beifalls.

Ausgerechnet die weltberühmte, zwischen Riesa und Pisa, Lehnin und Leningrad, Altenburg und New York gefeierte **Gisela May** war regelmäßig ein erbarmungswürdiges Opfer des grassierenden Lampenfiebers. Sie hatte sogar physiologisch zu leiden, denn alle Augenblicke trieb es sie hinter die Tür mit dem Piktogramm.

Die Maskenbildnerin hatte letzte Hand an mich gelegt. Mit all der Tünche im Gesicht, dem gelackten Haar und der glitzernden Abendrobe sah ich einem Weihnachtsbaum nicht direkt unähnlich, als mir Gisela vom anderen Ende des halbdunklen Ganges entgegenkam.

Ich bemerkte, daß sich das Gesicht der May verfinsterte. Ihre Augen maßen mich kalt, und ihre ganze Haltung war die einer Löwin, die einen Feind wittert. Als wir uns auf Schrittnähe gegenüberstanden, fiel plötzlich alle Spannung von ihr ab. Sie strahlte mich mit der üblichen Herzlichkeit an und sagte aufatmend: »Gott sei Dank, du bist es! Weißt du, in diesem dusteren Gang sahst du so schön aus, daß ich glaubte, du seist eine Fachfallerin.«

»Eine was?« fragte ich entgeistert.

»Na, eine Kollegin, die in mein Fach fällt. Und noch dazu eine jüngere. Das hätte mir jetzt gerade noch gefehlt!«

Besonders glücklich war ich immer, wenn **Marianne Wünscher** zu unserer Palast-Crew gehörte. Dann war es mir nämlich vergönnt, mit der von mir sehr geschätzten Schauspielerin und Chansonsängerin die Garderobe zu teilen, und das garantierte hundertprozentigen Schutz vor dem diensttuenden Feuerwehrmann.

Schon immer ist es feuerpolizeilich verboten, in Theatergarderoben zu rauchen. Wenn aber starke, um nicht zu sagen abhängige Raucher – eine zahlenmäßig immer kleiner werdende und mit Recht diskriminierte Minderheit, der Marianne und ich schamerfüllt angehören – nach getaner Arbeit von der Bühne kommen, greifen sie in nicht zu steuerndem Reflex nach einer Zigarette. Dergleichen kann man auf sogenannten Raucherinseln, speziell für diese Art Zivilisationskranker errichteten Ghettos, straflos tun. Aber die Garderobe ist natürlich ein viel angenehmerer Ort zum Ausspannen, zumal man sich hier der Bühnenkleidung entledigen und sogar die Beine auf den Tisch legen kann.

Verschwitzt von den Anstrengungen des Auftritts und der Heizkraft der Scheinwerfer stolperten wir eines Abends in unser Kabäuschen, warfen die Hochhackigen von den Füßen und setzten die unvermeidlichen Sargnägel in Brand. Natürlich hatten wir unsere festverschließbaren, feuersicheren Reiseaschenbecher bei der Hand, denn verbrecherischer Leichtsinn ist uns beiden nicht eigen. Marianne zog sowohl gierig an ihrer Zigarette als auch ein Kleidungsstück nach dem anderen aus, um sich alsbald unter die Dusche begeben zu können.

In diesem Augenblick klopfte es, und die Garderobentür wurde mit einem Ruck geöffnet. Angesichts der fast pudelnackten Marianne stieß der rasante Feuerwehrmann einen Verzeihung heischenden Schrei aus und retirierte blitzartig. Den Zigarettenrauch hatte er innerhalb dieser Schrecksekunde offenbar nicht wahrgenommen.

Seit diesem Abend erkundigte sich jeder auf Kontrollgang befindliche Ordnungshüter nach dem Klopfzeichen erst höflich, ob Frau Wünscher auch angezogen sei. Sie verneinte regelmäßig und erbat sich ein bis zwei Minütchen Toleranz. Zeit genug für uns, die riech- und sichtbaren Spuren der verbotenen Tat zu beseitigen.

Natürlich trieben wir in unserer Garderobe nicht nur Nikotinmißbrauch, sondern tauschten Erinnerungen und Erfahrungen aus und gelegentlich auch Bücher beiderseits interessierender Autoren.

Marianne war mir die Rückgabe eines besonders wertvollen Bestsellers schon seit vielen Monaten schuldig, weshalb sie immer mal anrief und um Aufschub bat. Als sie aber eines Tages endlich die Zeit fand, das Buch bei mir abzuliefern, versäumte sie die telefonische Anmeldung. Leider war ich nicht zu Hause.

Während sie fortgesetzt auf meinen Klingelknopf am computerartigen Schaltbrett im Foyer meines Hochhauses drückte, kam Helga Rißmann herein, die liebenswürdigste Postchristel von ganz Berlin. Sie ging auf meine schon ungeduldig werdende Freundin zu und sagte: »Kann ich Ihnen irgendwie behilflich sein, Frau Wünscher?«

Marianne, stets aufs neue ehrlich überrascht vom Ausmaß ihrer Popularität und erfreut von der Hilfsbereitschaft der netten Zustellerin, erklärte, wen sie zu welchem Zweck besuchen wolle.

»Die schläft immer lange und fest und hat das Klingeln vielleicht nicht gehört«, vertraute ihr meine Intimkennerin Rißmann an, »aber ich will Sie gern nach oben begleiten, da können Sie ordentlich an die Tür wummern.«

Während sich Frau Rißmann wieder ans Postverteilungswerk machte, wummerte Marianne ebenso ausgiebig wie vergeblich. Dann gab sie auf und betrat den von oben kommenden Fahrstuhl zwecks Rückreise ins Foyer.

Im Lift befand sich bereits ein Mann mittleren Alters. Er musterte Marianne mit starren, fast aufdringlichen Blicken.

»Ist was?« fragte sie irritiert.

Der Mann entschuldigte sich wortreich. »Nein, nein! Sie sehen nur jemandem so ungeheuer ähnlich, und mir fällt partout nicht ein, wem!«

»Könnte es sein, daß Sie Marianne Wünscher meinen?« half sie ihm.

»Aber genau!« jubelte der Mann. »Das ist ja fast unheimlich. Hat Ihnen schon mal jemand gesagt, daß Sie der Wünscher wie aus dem Gesicht geschnitten sind?«

Marianne grinste. »Vielleicht liegts daran, daß ich die Wünscher bin.«

Mittlerweile war der Fahrstuhl im Erdgeschoß angekommen, aber der zur Salzsäule erstarrte Mann bewegte keinen Fuß. Schließlich packte er den so gar nicht diva-ähnlichen Star Marianne Wünscher am Arm und sagte beschwörend: »Bitte, fahren Sie mit mir noch mal nach oben! Das glaubt mir meine Frau sonst im ganzen Leben nicht.«

Zwischen zahllosen Tourneen, die den in Berlin ansässigen Sachsen als ständigen Begleiter berühmter Diseusen in 25 Länder der Erde führten, gelang es **Henry Krtschil**, 300 Lieder zu komponieren (etliche davon im Auftrag internationaler Stars wie Maria Farrandouri, Gisela May und Dieter Süverkrüp), 50 Spiel- und Fernsehfilme sowie 20 Theaterstücke und Hörspiele musikalisch zu untermalen, 15 Langspielplatten zu produzieren, 2 Kritikerpreise, 1 Kunstpreis der DDR und 1 Verdienstmedaille der DDR entgegenzunehmen und beiläufig 2 Bürger der DDR (männlich/weiblich) zu zeugen.

Als der Erstklässler Krtschil von seiner Lehrerin gefragt wurde, welchen Beruf denn sein Vater ausübe, antwortete er nach bestem kindlichen Wissen und Gewissen: »Mein Vater arbeitet überhaupt nicht. Der spielt bloß Klavier.«

Ich gehörte schon zu den Verehrern der Schauspielerin **Madeleine Lierck**, seit sie in einem Kabarettprogramm der Berliner »Distel« debütierte und in dem DEFA-Film »Alle meine Mädchen« eine lebensechte Berliner Arbeiterin verkörperte.

Anläßlich einer der sporadisch produzierten Fernsehunterhaltungssendungen »Eulenspiegels Probierstube« hatte ich das Vergnügen, Madeleine persönlich kennenzulernen und ihr meine Bewunderung für den gediegenen Vortrag eines äußerst gewagten Schäferliedchens auszusprechen. Sie revanchierte sich mit freundlichen Komplimenten für das herzergreifende Küchenlied, das ich im Duett mit meinem Kollegen John Stave singen durfte.

Dabei hatte mir der Live-Gesang große Schwierigkeiten bereitet. Ich trug nämlich einen für meine Figur nicht recht günstigen Overall, weshalb ich mit aller Kraft den Bauch einzog und auf diese Weise nicht mehr genug Luft zum Singen hatte. Außerdem machten mich die kritischen Blicke der Kostümbildnerin nervös.

Schließlich wandte ich mich vertrauensvoll flüsternd an Madeleine: »Hand aufs Herz und nicht gelogen: Bin ich für den Overall zu dick?«

Sie unterzog mich einer gründlichen Musterung und flüsterte freundlich zurück: »Eigentlich nicht. Du solltest nur den Bauch nicht so wahnsinnig rausstrecken.«

Ende der fünfziger Jahre lernte ich einen der klügsten, originellsten und witzigsten Männer unseres Landes kennen, den Architekten **Prof. Hermann Henselmann**. Unsere Erstbegegnung fand im Morgengrauen auf dem Alexanderplatz statt, wo ich mit einigen befreundeten Kollegen nach ausgiebigem Bar-Bummel auf ein Taxi wartete. Auch Henselmann schien eine anstrengende Nachtschicht hinter sich zu haben, was aber weder seiner Reaktionsfähigkeit noch seiner Spottlust Abbruch tat.

An frotzelnde Bemerkungen über den Zuckerbäckerstil jener von ihm mitentworfenen Prachtstraße, die wegen ihrer ständig herabfallenden Bauteile im Volksmund liebevoll Kachelallee genannt wurde, war er nachgerade gewöhnt. Außerdem wohnte er selbst dort. Als mein Kollege und Henselmanns Nachbar Lothar Kusche vom Meister die Zahlung einer Gefahrenzulage forderte, verwies dieser die Klage an eine höhere Instanz. »Junger Freund«, sagte er, »du weißt genau, daß es nicht an mir liegt. Schließlich baue ich nicht nur so gut wie ich kann, sondern auch so schlecht wie ich muß!«

Jahrzehnte später, als die Kacheln längst hielten und die nunmehr nach Karl Marx benannte Allee zu den beliebtesten Wohngegenden Berlins gehörte, vertauschte Henselmann sein Domizil am Strausberger Platz gegen ein Einfamilienhaus in der Pankower Kuckhoffstraße. Sein neuer Nachbar war **Günter Gaus**, erster Leiter der Ständigen Vertretung der BRD in der DDR.

Obwohl die Gegensätze zwischen dem hanseatisch steifen, bürgerlich-liberalen Gaus und dem unkonventionellen, streitbaren Kommunisten Henselmann unüberbrückbar waren und blieben, entstand doch eine gutnachbarliche Beziehung.

Eines Abends erschien Gaus bei Henselmann, um diesem seine Tochter, eine hübsche Jura-Studentin, vorzustellen. Binnen kurzem waren die beiden kommunikationsfreudigen Männer wieder in heftige politische Debatten verstrickt, während derer Gaus – vielleicht, um seiner Tochter zu imponieren – der DDR allerhand Heilslehren erteilte. Henselmann ignorierte die unlauteren Einmischungsversuche, gab aber mit der ihm angeborenen Eloquenz und Eleganz ein längeres Statement über die ihm gutbekannten Ausbeutungspraktiken in der BRD. An der Stichhaltigkeit seiner Argumente war nicht zu deuteln.

Vermutlich aus Ärger darüber, vor seiner Tochter nicht bestanden zu haben, ließ sich der sonst so distinguierte Gaus zu der wütenden Bemerkung hinreißen: »Das lasse ich mir nicht länger gefallen! Immerhin bin ich der Vertreter dieser Bundesrepublik.«

Worauf Prof. Henselmann gelassen konterte: »Es ist jetzt zwei Uhr morgens. Vertreterbesuche empfange ich grundsätzlich nur dienstags oder freitags zwischen zehn und zwölf.«

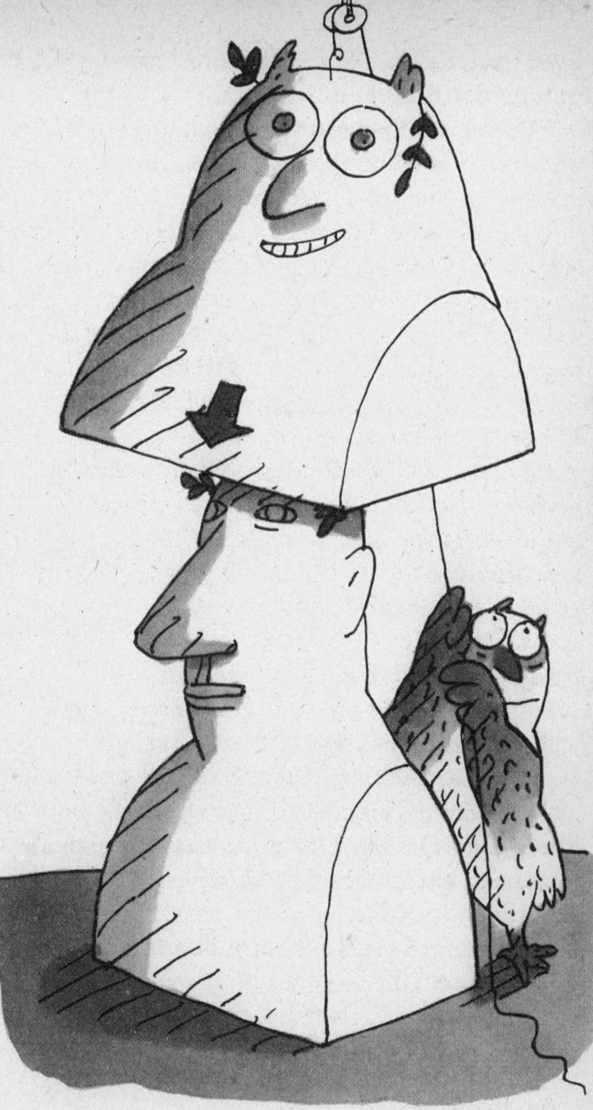

Eine unserer Urlaubsreisen führte uns 1983 an die jugoslawische Adria. Überwältigt von der Schönheit einer Landschaft, die blauestes Meer und höchstes Karstgebirge demselben Augen-Blick bietet, saß ich in der ersten Nacht auf dem Balkon. Die Pinien und Zypressen raschelten im lauen Wind, in Griffnähe reiften Feigen, eine Armee von Zikaden vereinigte sich zu einem Massenchorus, und über allem blakte der Jupiter wie eine alte Gaslaterne. Ich gab mich der romantischen Stimmung ganz hin und spürte, wie Läuterung meine stadtwunde Seele durchzog.

Doch der Berliner ist seiner Natur nach sachlich, längeres Schweben über der Erdoberfläche verkraftet er schlecht. Nach einer Weile wurde ich unruhig. Mir fehlte etwas, irgendein Ton, eine Klangfarbe, etwas Bodenständiges in all der berauschenden Fremde.

Und plötzlich war es da. Aus der lichten Höhe des über mir hängenden Balkons erklang wie schmerzlich entbehrter Mutterlaut der Satz: »Sage ma, Elli, ha'ck nu schon den Käse aus die Handtasche jenommen oder nich?« Gesprochen von Lastine, gutbürgerlich **Gertraud Last**, legendenumwobene Leiterin der Künstlerischen Betriebsbüros im Deutschen Theater und unnachahmliche Gestalterin komischer Rollen in zahllosen DEFA-Filmen.

Unsere Tischgenossin für die Dauer dieses Urlaubs war Kammersängerin **Ingrid Czerny**, eine der berühmtesten Sopranistinnen der Komischen Oper. Die Gespräche mit der einstigen Schülerin und noch immer glühenden Verehrerin des großen Opernrevolutionärs Walter Felsenstein waren sowohl amüsant als auch ein großes Bildungserlebnis für uns. Deshalb freuten wir uns auch über jede gemeinsam verbrachte Stunde am Strand.

Die Gegenwart der zwar erfrischend natürlichen, aber doch im besten Sinne des Wortes vornehmen Dame Czerny veredelte unsere Manieren schlagartig. Flapsige Bemerkungen oder gar halbseidene Witze entfielen für die Dauer unseres Beisammenseins.

In jenem Sommer machte sich an allen Adriastränden die aus Italien importierte Mode des halbgetragenen Bikinis breit. Besonders hübsche und gutgewachsene Mädchen entzogen dem FKK-Strand ihre gewiß bemerkenswerte Gesamtansicht und erfreuten die Textilanhänger mit ihren entblößten oberen Partien. Leider verlockte diese Massendemonstration auch eine ältere Urlauberin, uns barbusig vor die Augen zu kommen.

Mein Mann und ich versuchten, uns so zu lagern, daß unsere feinsinnige Freundin Ingrid Czerny möglichst von dem peinlichen Anblick verschont bliebe. Aber die Anstrengungen waren offenkundig erfolglos, denn mitten in einem Kolleg über Felsensteins gnadenlos-kollegiale Arbeit mit den Sängerdarstellern unterbrach sich Frau Czerny, deutete dezent in die Richtung des welken Halbakts und sagte mit raumfüllender Lautstärke: »Meinen Sie nicht auch, daß jene Dame reichlich lange Strümpfe trägt?«

Von unserem dalmatinischen Urlaubsort Zivogosce unternahmen wir eines Tages einen Ausflug auf die sonnenüberflutete, nach Lavendel duftende Insel Hvar, die Perle der Adria. Hier trafen wir gute Freunde, nämlich die Schauspieler **Franziska Troegner** und **Jaecki Schwarz**. Wir besichtigten gemeinsam die Sehenswürdigkeiten des idyllischen mittelalterlichen Städtchens Hvar, zum Beispiel das älteste europäische Kommunaltheater, auf dessen puppenstubenkleiner Bühne sich Jaecki und Franziska sogleich als Hamlet und Ophelia produzierten.

Im Garten des Franziskanerklosters begegneten wir einem jungen kroatischen Germanisten, der sein Studium in Halle absolviert hatte und seither DDR-Fan war. Wir hatten uns schon im Jahr zuvor auf der Marco-Polo-Insel Korcula kennengelernt, und auch er identifizierte uns sofort, wobei er allerdings unsere Familienzusammengehörigkeiten

neu ordnete. Seiner Erinnerung zufolge war mein Mann mit Franziska Troegner und ich mit Jaecki Schwarz verheiratet. Unser Versuch, seinen Irrtum zu korrigieren, scheiterte, und ich war schließlich regelrecht stolz darauf, daß er mir einen zehn Jahre jüngeren Ehemann zutraute.

Am Nachmittag begleiteten uns Jaecki und Franziska zurück zum Hafen, wo unser großes Tragflächenboot vom Typ »Raketa« zur Rückreise bereitlag. Der Abschied von unseren Freunden fiel uns schwer. Die beiden Mimen zogen zum Gaudium der Umstehenden die große Nummer von Trennungsschmerz und dem unweigerlichen Herzbruch der Verlassenen ab. Während wir winkend an der Reling standen, riß sich Jaecki in gespielter Verzweiflung das Hemd vom Leib, um seine Tränenströme damit zu trocknen. Franziska streckte mit theatralischer Gebärde die Arme aus und schickte den entschwindenden Liebsten wildes Wehgeschrei hinterher.

Plötzlich ging ein Ruck durch den Bootskörper, und das Schiff blieb stehen. Wir beobachteten, wie ein großer Frachtdampfer und eine stolze Jacht aus dem Hafen gelotst wurden, während unsere »Raketa« langsam zu einem Wendemanöver ansetzte. Nun waren wir überzeugt davon, daß unser Betreuer vom Reisebüro die Häupter seiner ihm anvertrauten Schäflein erst an Bord gezählt hatte und die Rechnung nicht aufgegangen war. Irgend jemand aus der Gruppe mußte sich auf der Insel verspätet und den rettenden Hafen nicht rechtzeitig erreicht haben.

Doch als die »Raketa« wieder festmachte, standen am Kai nur die noch immer wild gestikulierenden Komödianten Jaecki und Franziska und genossen ihr eigenes bolschoi Theater. Nachdem die Gangway herabgelassen worden war, sprang unser jugoslawischer Germanist von Bord und bedeutete Jaecki und Franziska, sie mögen sich schleunigst aufs Schiff zu ihren jeweiligen Ehepartnern begeben.

Die beiden hatten große Mühe, den gutgemeinten Handgreiflichkeiten des Samariters zu entkommen, dieweil mein Mann und ich wortgewaltig beteuerten, den Flüchtenden lediglich in Freundschaft, nicht aber standesamtlich verbunden zu sein. Als er endlich begriffen hatte, war er sichtlich verschnupft. Schließlich hatte sein altruistischer Akt der Familienzusammenführung nicht nur Zeit, sondern auch erhebliche Mengen Sprit gekostet, wofür ihm zweifellos noch eine gewaltige Standpauke des Kapitäns bevorstand.

Anfang der sechziger Jahre stattete das gesamte Ensemble der damals schon legendären Münchner »Lach- und Schießgesellschaft« dem Berliner Kabarett »Die Distel« einen Besuch ab. »Distel«-Direktor Dr. Georg Honigmann ließ es sich nicht nehmen, die Gäste und einige Freunde des Hauses – darunter die »Eulenspiegel«-Leute – zu einem Essen in den Presse-Club einzuladen.

Ich hatte das Glück, gemeinsam mit unserem stellvertretenden Chefredakteur Karl Kultzscher an einen Tisch mit **Dieter Hildebrandt** und **Jürgen Scheller** zu geraten. Die beiden schon weit über die BRD-Grenzen hinaus berühmten Kabarettisten erwiesen sich nicht nur als charmante und äußerst geistreiche Plauderer, sondern auch als politisch weit links engagierte SPD-Genossen. Wir hatten also die gleichen Feinde und lachten an einem Strang.

Kultzschers Freundschaft zu Hildebrandt und Scheller hat die Jahrzehnte überdauert. Im Herbst 1983 ließ er mich wissen, sein Freund Jürgen sei in Berlin und wünsche mit uns ein oder mehrere Glas Bier zu trinken. Wir verabredeten uns im Restaurant Prag in der Leipziger Straße, erstens weil es hier Pilsner Urquell gibt, und zweitens aus Gründen der Bequemlichkeit. Ich wohne nämlich im selben Haus.

Scheller reist seit der Auflösung der alten »Lach- und Schießgesellschaft« mit einer One-Man-Show durch die Bundeslande und ist ein vielbeschäftigter Fernseh-Kabarettist geworden. Er berichtete uns voll Stolz von seiner Popularität auch in der DDR. Sein Vorrat an Autogrammpostkarten war schon stark dezimiert.

Wir aßen irgendeine wohlschmeckende tschechische Spezialität, und der ebenfalls tschechische Kellner war vollauf damit beschäftigt, uns ständig mit frischem Bier zu versorgen. Ich wollte von Jürgen Scheller wissen, wie es sich für einen gebürtigen Potsdamer, also einen original Preußen, mit den schrecklichen Bayern lebe.

»Du hast dumme Klischeevorstellungen«, sagte er. »In Bayern gibts nicht nur urige Deppen mit Gamsbart und Krachledernen, sondern viele weltoffene, tolerante Menschen mit einem Humor, der dem Berlinischen kaum nachsteht. Manchmal sind sogar die politischen Gegner originell, wie zum Beispiel mein Bürgermeister in Vagen.«

Scheller war vor einiger Zeit in das kleine Dörfchen Vagen einige Kilometer südlich von München gezogen. Bei seinem ersten Besuch im Gasthof wurde er als prominenter Neuzugang vom Bürgermeister, einem CSU-Mitglied, feierlich willkommen geheißen. Der aktive Gewerkschafter Scheller (er gehört dem Vorstand seiner Interessenvertretung im DGB an) machte einige praktische Vorschläge zur Verbesserung der dörflichen Sozialstruktur. Der Bürgermeister, entzückt von dem kommunalen Engagement Schellers, bot diesem sogleich einen Platz im Gemeinderat an.

»Ich glaube nicht, daß Sie mich dort haben wollen«, gab Scheller zu bedenken, »ich bin nämlich Sozialdemokrat, und zwar ein Linker.«

Den Bürgermeister riß es vom Sitz. »Wos, hots außer den Grabert (Vorsitzender der bayrischen SPD und Einwohner Vagens) no an dahier? Da mueß i ja aufpassen, sonst verseuchts ihr zwoa mir no des ganze Dorf!«

Karl Kultzscher bestätigte, daß dieser blau-weiß-schwarze Spezi von einem Bürgermeister wirklich ein schlagfertiger Bursche sei. Kultzscher hatte während einer Dienstreise die Schellers in Vagen besucht und war mit Jürgen folgerichtig im Gasthof gelandet. Dort saß, wie üblich, auch der Bürgermeister und beäugte den unbekannten Gast neugierig. Scheller winkte ihn an seinen Tisch.

»Dies ist mein Freund Karl Kultzscher aus Berlin«, stellte er vor.

Der Bürgermeister schluckte. »A Preiß also. So so!«

»Schlimmer noch«, sagte Scheller grinsend, »aus Ostberlin!«

Der Bürgermeister räusperte sich. »A DDR-Preiß also. So so so!«

»Noch schlimmer«, spielte Scheller seinen Trumpf aus, »mein Freund ist Kommunist!«

Da nahm der Bürgermeister Haltung an, verbeugte sich korrekt und sprach: »Da schau her – a kommunistischer Preiß! Unter dene Umständ mueß ma ja fast scho wiada freindlich sein!«

Wir lachten herzlich. Am lautesten lachte Jürgen. Ich bemerkte eine leichte Irritation an ihm. Denn obwohl er heftig gestikulierte und mehr Lautstärke in den Vortrag seiner Anekdoten legte, als für unseren Tisch notwendig war, nahm keiner der anderen Gäste von ihm Notiz. An jenem Abend war das Restaurant Prag vornehmlich von Soldaten der Nationalen Volksarmee besucht, die sich hingebungsvoll dem Pilsner Urquell widmeten.

Als der Kellner uns gerade eine neue Lage serviert hatte, sah ich, daß Scheller sein Glas vorsichtig an den Rand des Tisches praktizierte. Prompt wedelte er es mit der nächsten heftigen Geste herunter, und es zersprang scheppernd und spritzend auf den Steinfliesen. Aller Augen waren auf uns gerichtet, zumal Scheller aufsprang und sein Mißgeschick lauthals bedauerte. Doch während sich der Kellner mit Müllschippe und Scheuerlappen an dem Malheur zu schaffen machte, war das Interesse der Umsitzenden schon wieder erloschen. Kurze Zeit später hob Scheller die Tafel auf.

Am nächsten Tag rief mich Karl Kultzscher an. »Wir haben gerade mit Jürgen einen Spaziergang durch den Pankower Bürgerpark gemacht«, sagte er fröhlich, »und nun ist wieder alles in Ordnung. Fünf Autogramme mußte er geben!«

Um den Teilnehmern der Filmfestspiele zwischendurch eine Kino-Verschnaufpause zu gönnen, lädt die Moskauer Festival-Leitung zu Ausflügen in die nähere oder fernere Umgebung ein. 1973 war ich Teilnehmer einer Exkursion nach Leningrad, zu welchem Zweck ein Sonderzug gechartert worden war.

Ich geriet gemeinsam mit meinen Freunden **Prof. Peter** und **Maja Ulbrich**, beide DEFA-Dokumentarfilmschaffende, und dem Schweizer Regisseur und Schauspieler **Bernhard Wicki** in ein Liegewagenabteil. Da noch mindestens fünf weitere Gäste zu uns gestoßen waren, gaben die beiden von Wicki spendierten Flaschen Wein nicht mehr als einen guten Schluck für jeden her. Ein des Russischen mächtiger Kumpan aus unserer Runde wurde beauftragt, für alkoholischen Nachschub zu sorgen. Er kam allerdings unverrichteter Dinge zurück, denn der Liegewagenschaffner hatte außer Tee nichts Feuchtes im Angebot.

Wicki wandte sich an mich. »Hast du nicht erzählt, du kennst einen Dänen?«

Ich verstand nicht recht, worauf er hinaus wollte. Ja, ich hatte etwa eine Stunde vor Abfahrt des Zuges einen dänischen Kollegen kennengelernt, mich angeregt mit ihm unterhalten und mit lokalpatriotischer Freude seine gute Meinung über einige DEFA-Filme vernommen. Aber das war auch schon alles. Ich wußte nicht einmal den Namen des Mannes aus Kopenhagen.

»Macht nichts«, sagte Wicki, »Hauptsache, du erkennst ihn wieder. Er ist doch in unserem Zug?«

»Das schon«, gab ich zu, »aber was soll ich ...«

»Du sollst ihn finden und ihm ein Fläschchen abkaufen. Oder borgen. Wir können es ihm ja in Moskau zurückerstatten.«

Ich verstand die Welt nicht mehr. Wicki klärte mich auf: »Alle Skandinavier trinken, und deshalb haben alle Skandinavier immer Schnaps bei sich. Dein Däne auch. Also gehen wir ihn suchen.«

Ich wehrte entschieden ab, aber Wicki hüpfte von seinem Liegesitz, packte mich derb am Arm und zog mit mir los. Obwohl ich mich heftig sträubte, entließ er mich nicht aus der Umklammerung. Mit seiner freien Hand riß er die Abteiltüren auf, zwang mich, einen Blick auf die Passagiere zu werfen, und durcheilte mit mir auf Dänen-Suche Waggon um Waggon.

Nach einer grauenhaften Ewigkeit, in der ich Wicki immerfort angefleht hatte, von seinem Vorhaben abzulassen, stand ich dem dänischen Journalisten plötzlich Auge in Auge gegenüber. Das heißt, ich stand, er aber lag, eine hübsche junge Dame im Arm, auf der unteren Liege. Und unter der unteren Liege standen säuberlich aufgereiht fünf Flaschen Wodka.

»Verzeihen Sie mir«, sagte ich hochroten Kopfes, »es ist mir außerordentlich peinlich, bei Ihnen eingedrungen zu sein, aber dieser Herr ...«

»Stell deine Frage«, befahl Wicki.

»Herr Wicki zwingt mich, Sie zu fragen, ob Sie uns vielleicht eine Flasche Wodka verkaufen oder borgen würden«, sagte ich wütend.

»Tut mir leid«, antwortete der Däne kühl, »ich habe selbst nichts.«

Wicki starrte auf die Flaschenbatterie unter der Liege und raunte mir zu: »Dreimal fragen – wie bei der Polizei!«

Die Antwort meines dänischen Kollegen blieb die gleiche.

Nun verlor ich endgültig die Gewalt über meine Nerven. Ich riß mich von Wicki los und rannte heulend durch die Gänge des kilometerlangen Zuges. Allerdings ging ich nicht in mein Abteil zurück, sondern in das davor befindliche.

Hier saßen der Regisseur **Horst Seemann**, seine damalige Frau Traudel Kulikowsky und einige Journalisten-Kollegen, darunter mein guter Freund **Günter Linke**, Fotograf der Zeitschrift »Filmspiegel«. Neben ihm ließ ich mich nieder und heulte mich an seiner Schulter gründlich aus.

Den Ausdruck auf Horst Seemanns Gesicht konnte ich nicht recht deuten. Ich wußte, daß er tiefen Groll gegen mich hegte, denn bisher hatte ich an keinem seiner Filme ein gutes Haar gelassen. Er hätte sich also freuen können, mich auch einmal am Boden zu sehen. Andererseits ist Seemann ein sensibler Mensch, dem das Weinen einer Frau Qual bereitet.

In diesem Augenblick kam Wicki ins Abteil gepoltert. Er hatte sich schon von Peter und Maja Ulbrich heftige Vorwürfe anhören müssen und war ehrlich zerknirscht. Aber mein Zorn war so gewaltig, daß ich seine Entschuldigungen nicht annahm. Ich beschimpfte ihn als ein manierenloses Monstrum, als einen Macho, der keine Achtung vor Frauen habe und deshalb in meinen Augen ein reaktionäres Fossil darstelle. Er versuchte mit allen Mitteln, mich zu besänftigen. Als es nicht gelang, entfernte er sich wie ein begossener Bernhardiner.

Horst Seemann hatte sich indes zu einer eindeutigen Haltung durchgerungen. Was grämten ihn noch meine harten Worte der Kritik, wenn er miterleben durfte, wie rüde ich selbst mit Wicki umging! Mußte er daraus nicht schließen, daß mein Urteil ohne Ansehen der kritisierten Person erging? Und daß er eine reale Chance habe, wenn mir nur endlich einer seiner Filme gefiele?

Genau so war es, und genau so kam es auch. Seemann tröstete mich nicht nur in Sachen Bernhard Wicki, er lieferte mir zwei Jahre später mit seinem »Beethoven«-Film ersten überzeugenden Anlaß zu einer großen Eloge in der Kino-Eule.

1976 nahm ich nach 15jähriger Pause wieder an den Internationalen Filmfestspielen in Westberlin teil. Im Cine-Center (dem Organisationsbüro der Berlinale) fand ich **Lucia Zanzig**, die tüchtige Leiterin des Pressebüros und bat sie um meine Akkreditierungspapiere. Frau Zanzig, schon am ersten Tag gestreßt vom Festival-Trubel, durchwühlte mit fliegenden Händen ihre Listen und schüttelte den Kopf. Mein Name war nirgendwo vermerkt. Da ich genau wußte, daß meine Chefredaktion pünktlich, eingedenk der Gepflogenheiten der Deutschen Post sogar überpünktlich alle Unterlagen abgeschickt hatte, bat ich um erneute Durchsicht der Anmeldekladden. Es blieb dabei – ich kam nicht vor.

Lucia Zanzig verwies auf den auch in Westberlin heimischen St. Bürokratius, war aber freundlicherweise bereit, sich meines Falles etwas später noch einmal anzunehmen. Vorher wollte sie noch einigen ebenso ungeduldigen wie lauten Amerikanern die Wege in den Zoo-Palast und die angrenzenden 15 Spielstätten ebnen.

Ich stand ein wenig verloren auf dem von internationen Festivalliers verstopften Gang herum, als plötzlich ein gutaussehender Mann meines Alters an mich herantrat und erstaunt fragte: »Was machst du denn hier, Renate?«

Es war **Horst Benzrath**, stellvertretender Leiter des Pressebüros, der vor 25 Jahren gemeinsam mit mir eine Treptower Schulbank gedrückt hatte. Ich berichtete ihm von meinem Mißgeschick, aber er winkte ab wie einer, für den es keine Probleme gibt. Zumindest keine unlösbaren. Während wir in seinem Zimmer über längst vergangene Schulzeiten plauderten, stellte er mir alle erforderlichen Papiere zusammen und überreichte mir den Schlüssel für mein Pressefach. Als ich das hilfsbereite Kind aus meiner Klasse wieder verlassen hatte, stürmte Frau Zanzig auf mich zu und sagte: »Diese verdammten Amis! Und nun wollen wir sehen, was sich für Sie tun läßt.«

»Nicht mehr nötig«, entgegnete ich und zeigte ihr meine soeben ergatterten Utensilien.

»Wo haben Sie denn das her?« wollte sie wissen.

Ich lächelte sie an und sagte mit konspirativem Augenzwinkern: »Liebe Frau Zanzig, *wir* haben unsere Leute überall!«

Während die gute Seele wie vom Donner gerührt stehenblieb, machte ich mich erleichtert auf den Weg zu den Pressefächern, die täglich mit Informationsmaterial über die laufenden Filme gefüllt werden. Schon aus gehöriger Entfernung sah ich eine vertraute Gestalt auf mich zukommen – **Bernhard Wicki**.

Das Debakel im Charterzug nach Leningrad lag drei Jahre zurück. Außerdem hatten wir uns damals unter tatkräftiger Mitwirkung unserer gemeinsamen Freunde Peter und Maja Ulbrich wieder versöhnt, und zwar dergestalt, daß mir Wicki nicht nur meine ehrenrührigen Beschimpfungen, sondern auch meine eklatante Unfähigkeit zur Schnapsbeschaffung in einem fahrenden Zug verzieh.

Vergnügt schritt ich meinem berühmten Bekannten entgegen und begrüßte ihn. Wicki schüttelte mir die dargebotene Hand, aber es war deutlich, daß ihm kein Licht aufging. Auch mein Name weckte keine Erinnerung.

»Sollte ich Sie kennen?« fragte er förmlich.

»Das sollten Sie«, sagte ich munter, »vor allem, nachdem Sie mich nachts durch den Zug von Moskau nach Leningrad gejagt haben.«

Er sah mich zweifelnd an. »Ich hätte je eine Nacht mit Ihnen in einem Zug verbracht? Davon weiß ich nichts.«

Mir wurde unbehaglich zumute, zumal ich mich plötzlich von drei sehr guten Bekannten beobachtet fühlte: Progreß-Direktor Wolfang Harkenthal, DEFA-Außenhandelschef Helmut Diller und ND-Redakteur Horst Knietzsch. Sie standen nur wenige Schritte von uns entfernt, konnten dem Gespräch also ohne weiteres folgen.

In höchster Verlegenheit versuchte ich, Wickis Langzeitgedächtnis auf die Sprünge zu helfen. »Es war während der Moskauer Filmfestspiele 1973. Sie haben von mir verlangt, einen mir nur flüchtig bekannten dänischen Journalisten um eine Flasche Wodka anzubetteln.«

Wicki sah mich an wie eine Erscheinung. »Verehrteste«, sagte er gedehnt, »ich hatte es in mei-

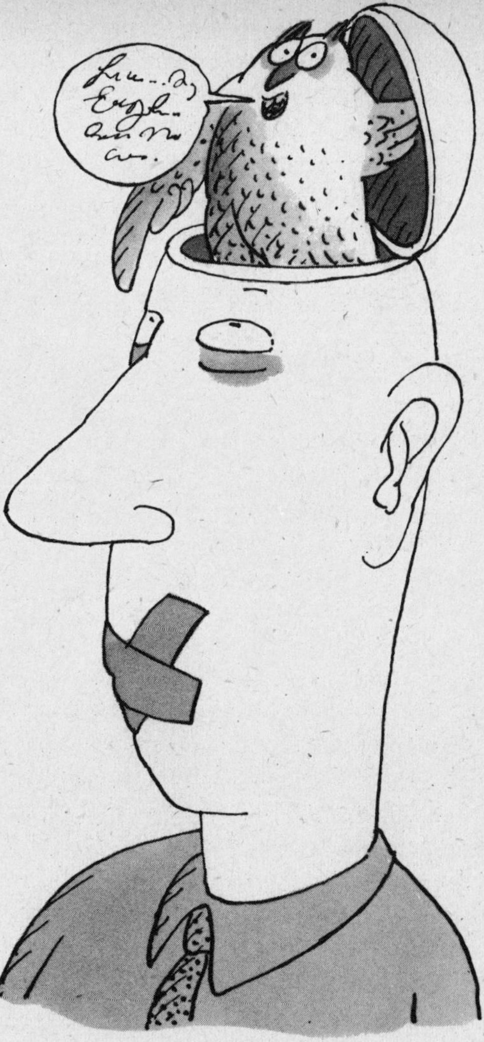

nem ganzen Leben noch nicht nötig, um Wodka zu betteln. Geschweige denn, betteln zu lassen.«

Ich bemerkte, daß meine drei Augen- und Ohrenzeugen von dem Vorgang nicht nur amüsiert, sondern auch peinlich berührt waren. Mußten sie doch den Eindruck gewinnen, ich hätte mich in der Art aufdringlicher Autogrammjäger einem Filmstar genähert, der partout nichts mit mir zu tun haben wollte.

Mit dem Mut des Verzweifelten, der eine ungerechtfertigte Abfuhr, was sage ich: eine nun schon wiederholte Demütigung einfach nicht hinnehmen kann, stieß ich hervor: »Aber Sie müssen sich erinnern! Schließlich waren Peter und Maja Ulbrich dabei.«

Da hellte sich Wickis Gesicht plötzlich auf. »Sie kennen Ulbrichs? Das sind sympathische Leute! Grüßen Sie sie von mir.« Er machte noch eine abschiednehmende Geste und walzte schwergewichtig davon.

Seit jener unheimlichen Begegnung, die für mich den dritten Grad der Psycho-Folter darstellte, habe ich mich in ein unidentifizierbares Nebelwölkchen aufgelöst, wann immer der große Bernhard Wicki meine Wege kreuzte.

Gegen Ende der Berlinale werden die internationalen Journalisten regelmäßig zu einem Empfang gebeten. Als wir 1976 die schriftlichen Einladungen erhielten, verstanden wir zunächst nur Bahnhof, denn die Adresse des Gelages lautete schlicht: U-Bahnhof Nollendorfplatz. Gemeint war allerdings der ehemalige Hochbahn-Trakt, den einfallsreiche Architekten in ein höchst originelles Restaurant mit Namen »Nolle« umgewandelt hatten.

Pressebüroleiterin **Lucia Zanzig**, deren Herz spürbar links schlug, hatte sich an den Tisch der DDR-Journalisten gesetzt. Meine Kollegen, nämlich Rosemarie Rehahn (Wochenpost), Margit Voss (Berliner Rundfunk), Anneliese Haese (Stimme der DDR), Ursula Anton (ADN), Horst Knietzsch (Neues Deutschland) und ich verehrten die liebenswürdige Dame nicht nur wegen ihrer Tüchtigkeit und ihres Gespürs für die richtigen Leute, sondern auch, weil sie aus dem reichen Schatz ihrer Berlinale-Erfahrungen manch lustige Anekdote zum Besten geben konnte.

An jenem Abend fiel ihr ein, daß sie vor Jahren einmal mit bekannten Westberliner Filmschaffenden in der »Nolle« gesessen hatte. Anwesend sei auch der »geizigste Millionär Mitteleuropas« gewesen, der Filmproduzent **Arthur Brauner**. Frau Zanzig schwor Stein und Bein, Atze Brauner habe an solchen Tagen konsequent gefastet, um abends tiefe Breschen ins kostenlose Kalte Buffet schlagen zu können.

So saßen sie also, aßen, tranken und schwatzten, als Frau Brauner ihrem Mann etwas ins Ohr flüsterte. Der sah sie ärgerlich an und entgegnete laut: »Wieso? Wir sind doch eingeladen. Das schließt auch die Toilettenbenutzung ein!«

Frau Brauner war zwar peinlich berührt, bestand aber darauf, dem dienstbaren Geist auf dem Örtchen einen kleinen Obolus entrichten zu dürfen. Atze Brauner zog widerstrebend sein Portemonnaie aus der Tasche und überreichte seiner Frau einen Groschen.

Vielleicht hatte sie nicht richtig zugegriffen, oder seine Finger hatten sich von der Münze nicht ohne weiteres lösen können – jedenfalls fiel der Groschen. Und zwar unter den Tisch. Atze Brauner kroch auf allen vieren darunter und tastete zwischen Lackschuhen und Pfennigabsätzen nach dem verlorenen Geldstück. Er suchte minutenlang, ohne fündig zu werden.

Um der unwürdigen Szene ein Ende zu bereiten und dem Geizkragen gleichzeitig einen Schock zu verpassen, nahm einer der anderen Gäste einen Hundertmarkschein aus der Brieftasche, zündete ihn mit dem Feuerzeug an, hielt den kostbaren Fidibus unter den Tisch und sagte schneidend: »Darf ich Ihnen leuchten, Herr Brauner?«

Während der 76er Internationalen Filmfestspiele von Karlovy Vary konstituierte sich nach getaner zehnstündiger Kino-Arbeit eine frohe Karlsbader-Becher-Bitter-Runde, zu der auch die Regisseure **Andrew Thorndike** und **Kurt Maetzig** gehörten. Die Rede kam auf runde Geburtstage. Prof. Maetzig hatte gerade seinen 65. gefeiert, und Thorndike sah in drei Jahren seinem 70. entgegen. Diesen wollte er, auf Empfehlung seines ältesten Sohnes, im Kreise der Familie verleben. Allerdings im Kreise der ganzen Familie, und dazu zählte Thorndike auch alle seine geschiedenen Frauen mitsamt ihren neuen Männern sowie sämtlichen Kindern aus sämtlichen Ehen.

Maetzig hielt diese Idee für denkbar schlecht. Er hatte in einer französischen Zeitschrift ein Feuilleton über eine solche Fete gelesen, und die Schilderung des Autors von einem graueneinflößenden interfamiliären Sodom und Gomorrha war ihm glaubwürdig erschienen. Auch Maetzig war mehrmals geschieden und wußte aus eigener Erfahrung, daß seine verflossenen Gattinnen nur bedingt miteinander auskamen. Konkret verhielt es sich so: Die erste Frau Maetzig hatte ein ebenso gutes Verhältnis zur dritten wie die zweite zur vierten. Nur in direkter Reihenfolge war die Kommunikation gestört.

Andrew Thorndike ließ sich die Warnung zur Lehre gereichen und verzichtete auf den Plan zu einem Geburtstags-Massenmeeting. Mich hingegen regte der Maetzig-Thorndike-Dialog zur Idee für eine Kurzgeschichte an. Sie erschien in Heft 1/77 des »Eulenspiegel« und hieß

Das Opfer des großen Mimen

Trotz seines Weltruhms, den zahlreiche nationale und internationale Dekorationen ebenso belegten wie etliche tausend Zeitungsausschnitte, war der große Mime Alfred Gabardine eigentlich ein bescheidener Mensch geblieben. Der ewige Rummel um seine Person und der Verlust der Anonymität gingen ihm nicht selten auf die Nerven, so daß er den einfachen Mann auf der Straße beneidete, der unerkannt seiner Wege ziehen konnte. Gerade weil ihm, Alfred Gabardine, ein Leben außerhalb des Rampenlichts nicht vergönnt gewesen war, sehnte er sich mehr als mancher andere nach der Geborgenheit des Familienlebens, die einem Mann lediglich die Rolle des treusorgenden Gatten und Vaters abverlangte.

Nun stand sein siebzigster Geburtstag bevor. Akademie, Künstlerverband und andere kulturelle Institutionen hatten schon verlauten lassen, daß über den Jubilar ein wahrer Gewitterregen öffentlicher Ehrungen herniedergehen würde. Dieser Gedanke machte Alfi, wie ihn seine vielen Freunde liebevoll nannten, ganz kaputt. Obwohl er noch immer ein gutaussehender, schlanker Mann war, erinnerte ihn doch gelegentlich ein Stich in der Herzgegend oder ein infamer Schmerz im Bandscheibenbereich an die Anzahl intensiv gelebter Jahre. Aber seine junge Frau Isolde verbot ihm derlei verdrießliche Gedanken. Sie sorgte zwar für Diät und Mäßigkeit in allen Dingen, bestand aber auf Jeans, Lederjacke, täglicher Gymnastik und regelmäßigem Besuch bei den Fans im Jugendklub. Er vertraute ihr blind, denn immerhin war sie lange Zeit Krankenschwester in einer geriatrischen Klinik gewesen, bevor sie in jenem Sanatorium zu arbeiten begann, aus dem Gabardine sie mit Hilfe eines eindrucksvollen Scheins abgeworben hatte. Es handelte sich um einen Trauschein.

»Hör zu, Schwesterchen«, sagte er eines Frühstücksmorgens zu seiner Frau, »mir graust bei dem Gedanken an das Verlesen meiner Lebensgeschichte aus roten Mappen, an Toasts und anstrengende Freßorgien. Wenn du mir eine wirkliche Freude machen willst, bereite eine kleine Familienfeier vor, ohne Journalisten und Aktuelle Kamera. Aber die Kinder sollten dasein.«

»Alle?« fragte Isolde vorsichtig.

»Ach ja«, antwortete Alfred Gabardine seufzend, »das wäre zu schön.« Dann griff er zu seiner Morgenzeitung, andeutend, er habe nun genug gesprochen. Aber er benutzte das Zeitungsblatt nur zum Abschirmen seiner eigenen Gedanken.

Zu Hause, dachte er, könnte die Familienfeier nicht stattfinden. Erstens wegen der ungebetenen Besucher, Telegrammboten und Telefonate. Und natürlich auch wegen der vielen Arbeit für Isolde. Ein Restaurant wäre besser. Vielleicht ein größerer Raum im Künstlerklub. Ob Eduard die Reise aus Wien scheuen würde? Gewiß, die Beziehungen zu seinem Ältesten waren nicht die besten, aber der siebzigste Geburtstag des Vaters ist schließlich etwas Einmaliges. Hertha, Eduards Mutter, könnte sich die Strapaze wohl nicht mehr zumuten. Die Gicht und das

Alter machten ihr seit Jahren zu schaffen. Wie alt war Eduard jetzt eigentlich? Drei – vier … bei Gott, er wurde im Sommer schon fünfundvierzig! Und Isolde hatte gerade den neununddreißigsten hinter sich! Nein, eine solche Begegnung war nicht ratsam, da konnten auch Jeans und Lederjacke nicht viel kaschieren.

Bei Hannelore, dem so heiß gewünschten Töchterchen aus der zweiten Ehe, lagen die Dinge schon günstiger. Sie hatte sich immer besonders gut mit ihrer Altersgenossin Isolde verstanden. Was war sie auch für ein liebes und freundliches Mädchen, die einzige, die ihm regelmäßig schrieb. Über die beiden Enkelkinder, über Horst, ihren etwas langweiligen, aber zuverlässigen Mann, und über Gudrun, ihre Mutter. Letztere war ein trübes Kapitel. Denn obwohl Gudrun nun längst Rentnerin war, bewegte sie nur einen Wunsch in ihrem Herzen: Der Teufel hole Elsbeth!

Elsbeth war Gabardines dritte gewesen. Es hatte lange gedauert, bis Gudrun in die Scheidung einwilligte, so lange, bis sich die Sache mit Elsbeth eigentlich schon wieder erledigt hatte. Aber inzwischen waren die Zwillinge geboren, und Gabardine, nicht unempfindlich für das Moralgefühl der Öffentlichkeit, mußte die Liaison einfach legalisieren. Mittlerweile waren Castor und Pollux zwar schon fast erwachsene junge Männer, aber die neugierige Elsbeth würde sie auf keinen Fall allein zu Vaters Geburtstagsfeier gehen lassen. Er sah sie schon an der festlich gedeckten Tafel sitzen und honigsüß lächelnd über die arme Hertha aus Wien erzählen. Wie gebrechlich die gute Seele schon sei, nun ja, kein Wunder mit neunund-

sechzig, vor allem nicht, wenn man seine besten Jahre an Alfred Gabardine verplempert habe. Wer wisse das wohl besser als gerade sie, Elsbeth.

Wenn aber, was Alfi noch schlimmer erschien, Gudrun erführe, daß Elsbeth der Geburtstagsfeier im engsten Familienkreis beiwohnte, wäre auch sie nicht zu halten. Und das bedeutete nostalgischen Aufstand, wenn nicht gar Mord und Totschlag. Er erinnerte sich an zahllose Szenen, die zwar schon fast zwei Jahrzehnte zurücklagen, aber nichts von ihren Schrecken eingebüßt hatten. Gabardine beschloß, die Zwillinge lieber zu einer Extrafeier auf die Datsche nach Usedom einzuladen. Auch für Hannelore und ihre Familie wäre noch Platz genug.

Aber auf Yvonne wollte er um keinen Preis verzichten! Welch ein hübsches Mädchen, welch ein Talent, Paradepferd der Schauspielschule. Nun ja, kein Wunder bei den Eltern! Nadine, Yvonnes Mutter, zählte zu den großen Damen der Berliner Theaterwelt. Gabardine freute sich immer wie ein Kind, wenn sie gemeinsam verpflichtet wurden. Eine so harmonische Zusammenarbeit hatte er noch mit keiner Kollegin erlebt. Da genügten Blicke und halbe Andeutungen. Eigentlich war ihm die Begegnung mit Nadine noch wertvoller als die mit der kleinen Yvonne. Nur Isolde verstand das nicht. Wie könne er freiwillig mit einer Frau arbeiten, die ihn so schnöde hintergangen habe! Noch dazu mit einem Regieassistenten. Sie gab vor, wütend auf Nadine zu sein, weil sie ihn, Gabardine, unglücklich gemacht habe. Und diese Wut würde die Familienfeier auch dann überschatten, wenn Yvonne allein käme.

Frauen, dachte der weltberühmte Mime Alfred Gabardine, der den Hamlet und den Mephisto, den Richard und den Galilei gespielt hatte, Frauen sind etwas Unbegreifliches, rational nicht Faßbares. Sie konservieren Gefühle, die sie längst nicht mehr haben. Ihre Liebesfähigkeit ist begrenzter als ihr Verstand, nur Haß und Eifersucht währen immerdar. Wobei ihm einfiel, daß dergleichen peinliche Emotionen immer nur in direkter Reihenfolge vorkamen. Hingegen waren Toleranz, kameradschaftliches Verständnis oder eine Art von Kumpanei zu beobachten zwischen der ersten und dritten sowie zwischen der zweiten und vierten Gabardine-Verflossenen.

Seine gute Isolde allein goutierte durchgehend Nr. 1 bis 3. Nur bei Nadine verstand sie keinen Spaß.

Alfred Gabardine faltete seine Morgenzeitung zusammen und fühlte sich auf einmal sehr alt und müde. Deshalb straffte er sich, vertauschte sein koffeinfreies Getränk mit dem Mokkatäßchen seiner Frau und sagte: »Weißt du, Schwesterchen, ich glaube, es wäre doch sehr unhöflich und eigennützig von mir, mich ausgerechnet an meinem Ehrentag ins gemütliche Familienleben zurückzuziehen. Schließlich bin ich nicht irgendein Mensch, sondern fast eine öffentliche Einrichtung. Dies bedeutet nicht nur Ehre, sondern auch Bürde. Und es gibt doch weiß Gott Strapaziöseres im Leben als ein paar feierliche Reden, nicht wahr?«

Im Wettbewerb des Westberliner Festivals von 1977 war die DDR mit Konrad Wolfs und Wolfgang Kohlhaases Film »Mama, ich lebe« würdig vertreten. Außer den Genannten gehörte auch **Erwin Geschonneck** zur offiziellen Delegation unseres Landes. Ich verehrte den lauteren Kommunisten und großen Volksschauspieler seit meiner frühesten Jugend, da ich ihn in unvergeßlichen Brecht-Inszenierungen und in zahlreichen guten DEFA-Filmen erleben konnte. Als ich ihn in den siebziger Jahren persönlich kennenlernte, durfte ich mir schmeicheln, auch seine Sympathie gewonnen zu haben. Immerhin hatte ich nie ein böses Wort über ihn verloren. Im Gegenteil, viele Kino-Eulen sind des Lobes voll über den bedeutenden Mimen.

Doch während der Berlinale 77 bemerkte ich zu meinem Kummer, daß ich von Erwin Geschonneck geschnitten wurde. Seine frostige Haltung war mir unbegreiflich, denn ich hatte mir weder eine rezensorische noch eine private Ungezogenheit gegen ihn vorzuwerfen.

Erst ein Jahr später, nun wieder im Festival-Hotel »Thermal« in Karlovy Vary, klärte mich Geschonnecks junge Frau Heike über die Motive jenes schmerzlichen Verdikts auf. »Das Opfer des großen Mimen« war unmittelbar nach Erwins 70. Geburtstag erschienen, und der mehrfach geschiedene mehrfache Kindesvater Geschonneck hatte meine Kurzgeschichte für eine besonders rüpelhafte Kommentierung seines Jubiläums gehalten.

Karlovy Vary 1978 war insgesamt kein besonders guter Festivaljahrgang. Es dominierten die mittelmäßigen und vor allem die überlangen Beiträge, so daß wir den Ort der Spielfilmhandlung sehr oft vorfristig verließen. Doch die auf kollektive Erlebnisse eingeschworene DDR-Crew rottete sich alsbald wieder zusammen, denn ein idyllischer Thermal-Swimmingpool mit stark erhöhter Zimmertemperatur lockte bei jedem Wetter zum Bade.

Als ich eines Tages inmitten der lauen Fluten paddelte, schwamm eine weiße Badekappe auf mich zu und fragte mit unverkennbar amerikanischem Akzent: »Bist du der Renate, mein größte Feind in Shi-Di-Ar?«

Ich verschluckte mich vor Schreck an den sprudelnden Thermen und rettete mich erst einmal an den Bassinrand. Die weiße Badekappe kam mir nach, wurde höflich grüßend vom Kopf gerissen und legte so die oberen Partien des schönen **Dean Reed** aus Denver, Colorado, frei.

Dean beklagte sich bitter über die Verrisse, mit denen ich seine bisherige DEFA-Arbeit als Schauspieler, Regisseur und Drehbuchautor bedacht hatte. Ich konnte zu meiner Verteidigung nur vorbringen, mich habe noch keine seiner Leistungen überzeugt, aber er wollte meine negative Einstellung lieber damit erklären, daß ich ihn nicht persönlich kenne. Zwecks Korrektur dieses Umstands lud er mich sogleich zum Essen ein.

Ein solches Angebot ist für einen spesenarmen

Journalisten im Ausland so etwas wie ein Gottesgeschenk. Aus altruistischen Gründen und um notfalls einen Zeugen für unser Gespräch zu haben, fragte ich, ob ich eventuell meine Kollegin **Regine Sylvester** mitbringen dürfe. Dean hatte nichts dagegen.

Regine und ich ließen es uns bei erlesenen lukullischen Genüssen wohlergehen und unterhielten uns angeregt. Dean konnte sich weder am Menü noch am Gespräch beteiligen, weil er von autogrammjagenden Gästen und Kellnerinnen gnadenlos belagert wurde. Verständnisvoll funktionierten wir das verpatzte Arbeitsessen in ein Arbeitstrinken mit allen Kritikerkollegen in Deans Apartment um. Dabei lernten wir ihn als liebenswerten, warmherzigen Menschen kennen, dem es ernst war mit seinem politischen Engagement. Aber er wollte auch als Rocksänger und Unterhaltungskünstler ernstgenommen und nicht von Veranstaltern und Kritikern mit dem Etikett des berufsmäßigen Friedenskämpfers versehen werden.

Gern akzeptierten wir Monate später Deans Einladung zu einer Silvesterparty in seinem Haus in Berlin-Schmöckwitz. An der Dielenwand hing eine wunderschöne Eule, aus mexikanischem Hanf geflochten und etwa anderthalb Meter lang. Da mich Freunde, Kollegen und Leser seit Jahrzehnten mit der Kino-Eule identifizieren, erhalte ich ständig – statt Blumen – besonders hübsche Eulen-Exemplare. Und zwar aus jedem denkbaren Material sowie aus aller Herren Länder. Ein solches Prachtstück wie Deans Mitbringsel aus Mexiko befand sich allerdings nicht in meiner Sammlung. Als ich sah, daß es noch einen Zwilling der schönen Eule gab, konnte ich meine Begehrlichkeit nicht länger geheimhalten. Aber der sonst so gutmütige und großzügige Dean reagierte mit keinem Wort.

Genau ein Jahr später, nämlich am Neujahrstag 1980, kam er zu mir und machte mir den so heiß gewünschten Nachtvogel feierlich zum Geschenk. Ich war zwar entzückt, begann aber sofort zu überlegen, was diesen Sinneswandel herbeigeführt haben mochte. Die Erleuchtung folgte auf dem Fuß, denn Dean redete voller Begeisterung von seinem neuen Film »Sing, Cowboy, sing«, den er als Autor, Regisseur und Hauptdarsteller in Personalunion gestalten wollte.

Die kostbare Spende an mich pressend, fragte ich argwöhnisch: »Was geschieht aber, wenn mir der Film wieder nicht gefällt? Wenn ich ihn also in der Kino-Eule herunterreißen muß?«

Dean antwortete mit entwaffnender Ehrlichkeit: »Dann mußt du geben diese schöne Eule zurück!«

Es kam, wie es lieber nicht gekommen wäre: »Sing, Cowboy, sing« wurde zwar ein Publikumserfolg, war aber dennoch ein mißlungener Film. Ich stand nicht an, dies meinen Lesern in deutlichen Worten kundzutun. Nachdem die Kino-Eule erschienen war, fiel mir siedendheiß ein, daß der bestimmt tödlich beleidigte Dean sein Geschenk zurückverlangen könnte. Da ich nicht gewillt war, mich kampflos davon zu trennen, spann ich eine der Situation angemessene Intrige.

Ich rief einige Rundfunk- und Fernsehkollegen an und bat sie, mich unter irgendeinem Vorwand zu interviewen. Meine Freunde **Katrin** und **Ferdinand Teubner**, sie Redakteurin, er Kamera-Regisseur beim TV-Kulturmagazin, hatten schon seit längerem die Absicht, in ihrer Sendereihe originelle Sammlungen vorzustellen. Sie lichteten mich also inmitten meiner ganzen Vogelschar ab, ließen mich über das Herkunftsland der einzelnen Exponate sowie über die edlen Spender Auskunft erteilen und gaben mir so die Gelegenheit, die Sache mit Dean Reed an die große Glocke zu hängen. Ich gestand, mich der passiven Bestechung schuldig gemacht zu haben, aber nicht korrumpierbar zu sein. Würde Dean die Eule wieder abholen, käme dies einem Geständnis für aktive Bestechung gleich.

Ich weiß nicht, ob Dean Reed die Sendung gesehen oder ob er ohnehin nie die Absicht hatte, vor einer notorischen Klatschtante das Gesicht zu verlieren, jedenfalls bin ich heute noch im Besitz der Mexiko-Eule. Die Freundschaft hat mir der stille Amerikaner jedoch in aller Form gekündigt.

1980 schrieb ich über die Filmfestspiele in Karlovy Vary: »Zwei Frauen und zwei Männern ist es vornehmlich zu danken, daß die DDR zum erstenmal auf einem Internationalen Filmfestival den Grand Prix entgegennehmen konnte: Eva Lippold, Jutta Wachowiak, Günther Rücker und Günter Reisch. Sie sind die Urheber eines der schönsten Liebesfilme, die ich je gesehen habe. ›Die Verlobte‹ heißt die von Günther Rücker aufs glücklichste besorgte Adaption des bisher zweibändigen Romanwerks von Eva Lippold (›Das Haus der schweren Tore‹ und ›Leben, wo gestorben wird‹), welches sich im nächsten Jahr zur Trilogie runden soll. Eva Lippold gehört zu den leisen Schriftstellern unseres Landes. Sie hat öffentliche Anerkennung nie gesucht und deshalb kaum erfahren. Doch wer ihre Bücher kennt, ist einer der außerordentlichsten Frauen unserer Zeit begegnet. Allein die Liebe und die deshalb nie erlahmende Hoffnung ließen sie als blutjungen Menschen zehn Jahre faschistischer Hölle überstehen. Unter der Regie von Günther Rücker und Günter Reisch und vor allem durch die elementare Gestaltungskraft der Jutta Wachowiak wird gelebtes Leben zu Kunst und Kunst zum unüberhörbaren Aufruf an jedermann, dieses Leben und damit die Liebe zu bewahren.«

Während des Festivals hatte ich häufig Gelegenheit, mit **Jutta Wachowiak** zu sprechen. Die allürenlose Urberlinerin quittierte meine überschwenglichen Komplimente und die Behauptung, ich habe sie schon immer für eine der Größten gehalten, mit nachsichtigem Lächeln.

»Wissen Sie eigentlich«, fragte sie, »daß ich mich Ihretwegen 1963 von der Filmhochschule relegieren lassen wollte?«

»Das kann sich nur um ein Mißverständnis gehandelt haben«, entgegnete ich entsetzt.

Doch Jutta wußte es besser. Sie wußte sogar noch auswendig, daß ich sie anläßlich ihrer ersten kleinen Rolle in Richard Groschopps DEFA-Film »Die Glatzkopfbande« in der Kino-Eule die »umwerfend miserabel agierende Elevin Jutta Wachowiak« genannt hatte. Nach diesem, wie sie es damals empfand, künstlerischen Todesurteil war sie im Rektorat der Hochschule um ihre Entlassung nachgekommen. Zum Glück gab es dort kluge, psychologisch geschulte Leiter, die der Studentin nicht nur eminentes Talent attestierten, sondern sie auch von der Fehlbarkeit, wenn nicht gar Dummheit gewisser Kritiker überzeugten.

Doch 1980, auf dem Gipfelpunkt einer Karriere, deren Tendenz noch immer steigend ist, sagte Jutta Wachowiak zu mir: »Ich habe mir übrigens viele Jahre später ›Die Glatzkopfbande‹ noch einmal angesehen, und ich muß gestehen, Sie hatten recht. Ich war wirklich miserabel.«

Daß »Die Verlobte« nicht preislos bleiben würde, war jedem Festivallier klar. Ich ließ mich von der Überzeugung nicht abbringen, daß es sich um nichts Geringeres als den Grand Prix handeln könne.

»Wenn du nur recht behieltest«, sagte der Autor-Regisseur **Günther Rücker**, denn die Konkurrenz war 1980 besonders stark.

»Wollen wir wetten?« fragte ich.

»Sofort«, entgegnete Rücker. »Keine Wette, die ich lieber verlöre. Worum soll es gehen?«

»Eine Flasche Scotch Whisky«, bot ich an.

»Zwei«, erhöhte er.

Wie man weiß, wurde ich Sieger. Doch wegen der Unvereinbarkeit unserer Termine mußte ich auf die Gewinnausschüttung warten, bis mich eine Geburtstagsparty zu Rücker führte.

Während er einen schönen alten Sekretär aufschloß, sagte er: »Hier stehen seit drei Jahren deine beiden Whiskyflaschen wohlverwahrt.« Doch als er danach griff, bemerkte er, daß die eine nur noch bis zur Hälfte gefüllt war. Auf solche Halbheiten wollte sich mein säumiger Wettschuldner nicht einlassen.

Die diebische Elster verfluchend, ordnete er an: »Nimm erst mal die volle Flasche mit, die zweite kriegst du bei nächster Gelegenheit.«

Diese ergab sich erst zwei Jahre später, nämlich an meinem 50. Geburtstag. Rücker überreichte mir seinen wunderbaren Erzählungsband »Herr von

Oe.« sowie ein längliches Päckchen. Am Tag nach der Party fragte mich mein Mann: »Was hat dir Günther eigentlich außer seinem neuen Buch geschenkt?«

»Nichts«, antwortete ich wahrheitsgemäß, »er hat nur Schulden bezahlt.«

Wohl um zu beweisen, wie leicht sich das Gesetz der Serie brechen läßt, leisteten sich unsere Filmverantwortlichen zwei Jahre später eine bedeutende Blamage in Karlovy Vary. Ich schrieb darüber in meinem Festival-Bericht: »Für den kürzesten Beitrag sorgte die DDR. Nach genau 76minütiger krimineller Tätigkeit der ›Familienbande‹ (Regie: Horst E. Brandt) ging das Licht auf der Leinwand aus und die Notbeleuchtung im Saal an. Etwa die Hälfte des Auditoriums verließ das Parkett fluchtartig, augenscheinlich aus Furcht, der technische Defekt könne behoben und das schlimme Spiel fortgesetzt werden.«

Doch mehr noch als unser nationales Debakel bedrückte mich eine Order meines Kollegen Kulturredakteurs Christian Klötzer. Da alle ideenstarken Zeichner im Urlaub weilten, sollte ich gefälligst mit brauchbaren Illustrationsvorschlägen nach Hause kommen. Leider verfüge ich so gar nicht über das Talent, optisch zu denken. Gepeinigt von meiner Unfähigkeit klagte ich meinem Tischgenossen **Kurt Maetzig** mein Leid. Er war in jenem Jahr Jury-Mitglied des Festivals, und in dieser Eigenschaft saß er täglich viele Stunden neben seinem Kollegen **Ion Popescu Gopo**, dem berühmten rumänischen Karikaturisten und Trickfilmer, im Kino.

Eines Mittags zeigte mir Maetzig ein Notizbuch, in das Gopo während langweiliger Jury-Sitzungen originelle Cartoons zum Thema Film skizziert hatte. »Wären die nicht als Illustrationen für Ihren Festival-Bericht geeignet?« fragte er mich.

Ich war begeistert. Nicht nur, weil die Last eigener schöpferischer Verantwortung von meinen Schultern rutschte, sondern auch, weil die exklusive Mitarbeit eines so exzellenten ausländischen Künstlers einen Gewinn für meine Zeitschrift darstellte. Maetzig versprach sofort, einen Termin für Gopo und mich zu arrangieren und sich selbst als Französisch-Dolmetscher zur Verfügung zu stellen.

Das Treffen wurde für den nächsten Nachmittag um 17 Uhr vereinbart. Um 15 Uhr wollte ich mir den vietnamesischen Wettbewerbsbeitrag »Sturmwindgebiet« ansehen, von dem ich annahm, daß er nicht länger als zwei Stunden dauern würde. Falls doch, wollte ich früher gehen.

Doch das Unerwartete wurde Ereignis: »Sturmwindgebiet« war nicht nur fast drei Stunden lang, sondern auch so interessant und spannend, daß ich den Blick nicht von der Leinwand wenden mochte. Als ich mit großer Verspätung am Rendezvousort eintraf, waren Ion Popescu Gopo und Kurz Maetzig verschwunden. Nur Maetzigs Frau Bärbel hatte treulich ausgeharrt und erklärte mir bedauernd, Kurt sei sehr böse auf mich. »Haben Sie nicht gewußt, daß er ein Pünktlichkeitsfanatiker ist?«

Ich hatte es nicht gewußt, aber normalerweise hätte mich diese Tatsache nie in Kollision mit ihm gebracht. Aus Furcht vor Verspätung neige ich

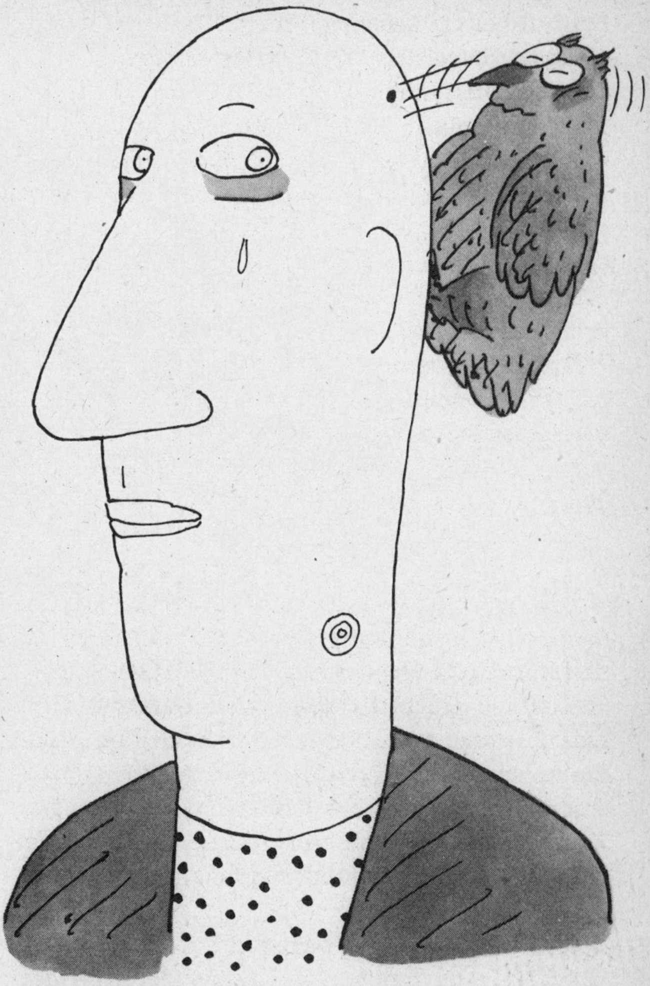

nämlich zur Überpünktlichkeit und hasse alle Leute, die mich grundlos warten lassen. Nun hatte ich ausreichend Grund zum Selbsthaß, war ich doch nicht nur der Zuneigung Kurt Maetzigs verlustig gegangen, sondern auch der herrlichen Gopo-Zeichnungen.

Bärbel Maetzig versuchte mich zu trösten und empfahl mir, ein Briefchen an Ion Popescu Gopo zu richten und es an der Rezeption in sein Fach legen zu lassen. Da mein Französisch mehr als mangelhaft ist, brauchte ich umgehend einen Übersetzer. Maetzig wagte ich nicht zu behelligen. Zum Glück kam meine Freundin **Rosemarie Rehahn** ins Restaurant, eine nicht nur sehr gebildete, sondern auch sprachgewandte Kollegin. Sie war sofort bereit, mir zu helfen, und in gemeinsamer Anstrengung verfaßten wir ein Entschuldigungsschreiben mit der Bitte um einen neuen Termin.

Zwei Tage lang schlich ich während der Essenszeiten im Restaurant herum, immer auf der Suche nach Gopo, stets auf der Flucht vor Maetzig. Erst am Morgen des dritten Tages – ich frühstückte gerade mit Rosemarie Rehahn – sah ich Gopo den Raum betreten. Wir gingen augenblicklich zu ihm, und Rosemarie erklärte ihm in ihrem schönsten Französisch mein Mißgeschick. Er hörte angestrengt zu und sagte dann entschuldigend: »Please, we better speak english.«

Ich war wie vom Donner gerührt. Hätte ich gewußt, daß dieser welterfahrene Rumäne auch des

Englischen mächtig war, wäre die Angelegenheit längst telefonisch zu bereinigen gewesen. In Minutenschnelle war unser Problem gelöst. Gopo hatte sogar schon Zeichenpapier und Tusche besorgt und versprach, die fertigen Illustrationen am nächsten Tag abzuliefern. Ich war überglücklich, nur Rosemarie haderte mit sich, weil sie annahm, ihr Französisch müsse dem Meister so rätselhaft vorgekommen sein, daß er lieber auf eine andere Sprache ausgewichen war.

Nun fühlte ich auch wieder die Kraft, Freund Maetzig unter die Augen zu treten. Er nahm meine Entschuldigung und vor allem den Schwur, es habe sich um eine einmalige Verfehlung gehandelt, gnädig an und ließ das Thema ein für allemal fallen.

Die alte Herzlichkeit zwischen uns war wiederhergestellt, und so beackerten wir wieder einmal das weite Feld Kinder und Kindeskinder. Da ich bis in die letzte Faser davon überzeugt bin, daß meine Enkel Jakob und Rahel die schönsten und klügsten Exemplare unter allen dreikäsehohen Bewohnern des Erdballs sind, erzählte ich einige Schnurren aus ihrem Kindergartenleben. Maetzig ließ sich nicht düpieren und steuerte lustige Episoden von seiner eigenen Nachkommenschaft bei. Als besonders ergiebig erwies sich die frühkindliche Phase seiner Tochter Claudia, inzwischen längst eine erwachsene Dame und Mutter einer ebenfalls sehr originellen Tochter.

Claudia Maetzig war eines jener Wunderkinder, die von Anfang an ein ungebrochenes, von Verballhornungen freies Verhältnis zur Muttersprache haben. Schon mit drei Jahren verfügte sie über einen Wortschatz wie normalerweise ein Kind in der 2. Klasse. Zu dieser Zeit war ihr eine einzige häusliche Pflicht auferlegt: Claudia mußte jeden Morgen mit einer Henkelkanne zum Milchhändler gehen und zwei Liter Milch holen. Eines Tages begegnete ihr auf ihrem Weg eine freundliche Nachbarin, die Claudia ein Kompliment für ihre hübschen neuen Schuhe machte. Worauf die Dreijährige folgendes erwiderte: »Ja, sie sind sehr elegant. Und ich bin gehalten, darauf zu achten, daß ich mit diesen schönen Schuhen nicht in die Scheiße trete.«

Während eines 1985 gemeinsam verbrachten Arbeitsaufenthalts im Wiepersdorfer Schloß der Bettina von Arnim entführte mich die Schriftstellerin und Kolumnistin der »BZ am Abend« **Gisela Karau** des öfteren zum Zwecke des »Knöpfchenkaufs« in die nahegelegene Kreisstadt Jüterbog. Das kostete sie keine übermäßige Anstrengung, denn jede Art Tätigkeit, einschließlich der Hausarbeit, ist mir lieber als das Schreiben.

Als ich Gisela ein Kompliment für ihren rasanten Fahrstil machte, brach sie in ihr mit Recht von allen empfindsamen Menschen gefürchtetes Lachen aus. »Frach nich, wat mich det jekostet hat«, johlte sie vergnügt, worauf sie die ungestellte Frage beantwortete: »Zwee nagelneue Trabbis, von acht mittlere Blechschäden janz zu schweijen.«

Den ersten Trabant ruinierte sie – zum gewaltigen Ärger ihres Mannes Günter Karau – unmittelbar nach der Anschaffung. Dem zweiten war immerhin eine Lebensdauer von einigen Wochen beschieden. Über diese Karambolage ist Gisela heute noch glücklich, verdankt sie ihr doch die Bekanntschaft mit **John Heartfield**.

Es war in der alten Berliner Rathausstraße, wo anstelle der Ampel eine Weiße Maus den Verkehr regelte. Das hatte die rasante Jung-Fahrerin Karau dummerweise nicht bemerkt, weshalb sie einem vor ihr bremsenden Wagen mit voller Wucht in den Kofferraum fuhr.

Halbtot vor Schreck kroch sie aus ihrer zerknautschten Pappschachtel. Dem Wagen mit dem verbeulten Heck entstieg ebenfalls eine Frau, was Giselas Angst vor dem unvermeidlichen Strafgericht mindestens verzehnfachte. Allerdings wußte sie da noch nicht, daß sie es mit einer wirklichen Dame zu tun hatte.

Die äußerste Injurie, deren die feinsinnige Gattin des genialen Fotomonteurs in ihrem Zorn fähig war, beschränkte sich auf die Frage: »Sind Sie verrückt?« Doch sogleich schlug sich Frau Heartfield auf den Mund, als sei dem eine ungeheuerliche Obszönität entschlüpft. Sie entschuldigte sich gar bei dem weiblichen Verkehrsrowdy für die kränkenden Worte.

Dem Polizisten dauerte das Getue zu lange, er wollte die Kreuzung schnellstens geräumt wissen. Da der Karausche Trabant nicht mehr fahrtüchtig war, mußte er an den Straßenrand geschoben werden. Erst jetzt betrat John Heartfield die Szene. Falls er überhaupt ein Ärgernis in dem Vorgang gesehen hatte, so blieb ihm doch angesichts der zitternden und weinenden Gisela Karau jedes kritische Wort im Halse stecken. Die stieß ein ums andere Mal verzweifelt hervor: »O Gott, o Gott, was wird nur mein Mann dazu sagen!«

Heartfield mußte den Eindruck gewinnen, die Ärmste sei mit einem wahren Monstrum verheiratet, mit einer Ausgeburt an Brutalität und Tyrannei. Mitleidig streichelte er Giselas Arm und redete tröstend auf sie ein. Er ging so weit, die alleinige Schuld an dem Unfall seiner Frau zuzuschieben: »*Ich* wollte nämlich, daß wir über die Prenzlauer Allee fahren. Hätte meine Frau auf mich gehört, wären wir Ihnen nie begegnet. Bitte, verzeihen Sie uns!«

Soviel ungerechtfertigter Altruismus gab Giselas Tränenströmen neue Schubkraft, doch John Heartfield sah darin nur die panische Angst einer hilflosen Frau vor ihrem gewalttätigen Mann. Er bestand darauf, Gisela nach Hause fahren zu dürfen, um das Schlimmste zu verhüten.

Als Günter Karau, ein freundlicher und keineswegs cholerischer Zeitgenosse, die Wohnungstür öffnete, wurde er zum strategischen Ziel einer Heartfieldschen Schimpfkanonade. Der Anwalt aller erniedrigten und beleidigten Ehefrauen verlangte volle Absolution für seine unschuldige Mandantin. Günter Karau blieb nichts anderes übrig, als seine Frau in die Arme zu nehmen und sie dafür zu belobigen, daß sie Leib und Leben aller drei Beteiligten so umsichtig geschont hatte. Andernfalls wäre er von John Heartfield mit lebenslänglicher Verachtung bestraft worden, und dieses Urteil hätte ihn wesentlich härter getroffen als der Verlust seines Autos.

Prof. Heartfield konnte nach Erfüllung seiner zwischenmenschlichen Mission zu ihn wirklich interessierenden Fragen übergehen, und das waren vor allem die Unwägbarkeiten der Kulturpolitik des Jahres 1962, unter besonderer Berücksichtigung der bildenden Kunst. Über den kurzen, unbeampelten Weg erfuhren Karaus nicht nur eine Menge hochbrisanter Interna, sondern gewannen auch das Vertrauen und die Sympathie eines bedeutenden Künstlers unserer Zeit.

Mit dieser historischen Begegnung endete Giselas Karriere als Schrecken der Landstraße, denn ab sofort waren ihr alle verkehrspolizeilichen Gebote heilig. Und siehe da, es winkte der schönste Lohn: Frau Karau ist seit einiger Zeit stolze Besitzerin der ADMV-Urkunde über 20 Jahre unfallfreies Fahren.

Günter Karau, ebenfalls Journalist und Autor spannender Kundschafterromane, gilt in seinem Freundeskreis als ein Günstling des Schicksals. Deshalb ist er in mancher Spiel-Runde gar nicht so gern gesehen. Günter beherrscht nämlich auch die kompliziertesten Spiele binnen kurzem perfekt, da er sich ihnen nicht mit der Unbeschwertheit des müßiggängerischen Dilettanten, sondern wissenschaftlich-analytisch nähert.

Meiner Ansicht nach könnte er, wenn es seine Zeit nur erlaubte, ohne weiteres Weltmeister des königlichen Schachspiels sein. Beim Loch-Billard verhilft er seinen Kontrahenten zu langen Zwangspausen, weil er einfach keinen Fehler macht. Und ein wie immer geartetes Kartenspiel mit ihm ist eine öde Angelegenheit, denn der Sieger heißt allemal Karau.

Das Glück verfolgt ihn auch in anderen Lebensbereichen, es klebt gewissermaßen wie Pech an ihm. Oder will man es für Zufall halten, daß er, übrigens nach einem selbsterfundenen System, 20 000 Mark im Lotto gewann?

Nur einmal, fanden seine Freunde, hatte er sich zuviel vorgenommen. Da wollte er nämlich – ohne jede beziehungsreiche Voraussetzung – einen größeren Posten gespundeter Dielenbretter für seine Sommerlaube erwerben. Alle lachten ihn herzhaft aus, bestärkten ihn aber in seiner Absicht, denn der Gedanke war zu verlockend, ihm auch einmal auf der Verliererseite zu begegnen.

Günter blieb nicht nur gelassen, sondern absolut siegesgewiß. Der nächstbeste Holzplatz, den er mit einem geborgten Hänger ansteuerte, befand sich in der Revaler Straße. Er schlenderte auf einen alten Mann zu, der sich ordnend an einem Holzstoß zu schaffen machte, und sagte mit dem diskreten Charme des Berliners: »Tach.«

»Tach«, antwortete der alte Mann, kurz aufblikkend. »Hast dir ja lange nich mehr sehn lassen.«

Der Meister des Vabanquespiels verbarg seine Verblüffung und entgegnete ungerührt: »Wie't eben so is.«

»Wat machten Erich?« wollte der Alte wissen.

Günter begriff, daß er jetzt einen Befähigungsnachweis für die höhere Diplomatie erbringen und gleichzeitig sein Anliegen zur Sprache bringen mußte, um noch detaillierteren Fragen zuvorzukommen. »Naja, kennsten ja. Übrijens, haste Dielenbretter?«

»Kommt druff an. Russenbretter sind da. Sibirische Tanne, nich abjelagert.«

Das Herz des Glückspilzes machte einen Satz. Sibirische Tanne – das Edelste vom Edlen! Ablagern konnten die Bretter auch auf seinem Grundstück. »Is jeritzt«, verlautbarte er gnädig.

Der Alte führte ihn zu einem Holzstapel von solchen Ausmaßen, daß Günter auch noch die Bedürfnisbefriedigung einiger Freunde ins Auge fassen konnte.

»Holster bei Jelejenheit ma ab«, empfahl der Alte.

»Nehm ick lieber gleich mit«, entschied Günter.

Der Alte half ihm noch beim Aufladen und wies den Weg zum Büro, wo die Rechnung zu bezahlen war. Als Gegenleistung erwartete er von Günter, daß der demnächst, zusammen mit Erich natürlich, mal wieder in der alten Stammkneipe auftauchen möge.

Der gebürtige Brandenburger Vicco von Bülow, besser bekannt unter dem Namen **Loriot**, kann sich auch in der DDR einer nach Millionen zählenden Anhängerschar erfreuen. Das »Dicke Loriot-Buch«, 1977 im Eulenspiegel Verlag erschienen, gilt nach wie vor als eine der bedeutendsten editorischen Kostbarkeiten unseres Hauses. Obwohl die Eulen-Leute üblicherweise ohne Schwierigkeiten in den Besitz schnell vergriffener Bücher gelangen, gab es einen Fall, wo das alte Rationierungsprinzip wieder zu Unehren kam: Pro Mitarbeiternase wurden in der Vertriebsabteilung des Verlages nur zwei Exemplare »Dickes Loriot-Buch« verkauft.

Herausgeber dieses Bestsellers war mein Freund **Karl Kultzscher**. Eines Tages in den siebziger Jahren rief er mich an. »Hast du Lust, eine Tasse Kaffee mit mir zu trinken?«

Ich wohnte damals am südlichsten Ende Berlins, die Fahrt in die Redaktion erforderte eine knappe S-Bahn-Stunde. Nur um mit Karl Kaffee zu trinken, wollte ich diese Strapaze nicht auf mich nehmen.

»Na schön«, sagte er, »dann müssen Gerd Nagel und ich eben allein versuchen, Loriot zu unterhalten.« Nie zuvor hatte ich mich so schnell in Bewegung gesetzt, um von Grünau zum Alexanderplatz zu gelangen.

Ich kannte Loriot schon von früheren Begegnungen und wußte von seiner Sympathie für die DDR. An diesem Tag war er wieder einmal des Lobes voll über unsere Preußenpflege, ein Thema, über das wir durchaus kontroverser Meinung waren. Er sah beispielsweise mit Begeisterung dem Großen Wachaufzug zu, während mir diese Art preußischen Balletts wenig Vergnügen bereitet.

Nun aber sprach er von dem gepflegten Zustand eines Hauses, das einst im Besitz seiner Familie gewesen und Palais Bülow genannt war, seit Jahrzehnten indessen dem Künstlerclub »Möwe« Heimstatt bot. Hier hatte er mit Karl Kultzscher zu Mittag gegessen, und zwar das zarteste, feinste Steak seines Lebens. Er sei wirklich ein Gourmet, betonte Loriot, den astronomische Summen nicht reuten, wenn er im heimatlichen München Nobel-Restaurants mit original französischer Küche frequentiere. Aber so gut und dazu noch lächerlich billig wie in der »Möwe« habe er in seinem ganzen Leben nicht gespeist.

Ich glaubte, Loriot wolle uns auf den Arm nehmen. An unseren niedrigen Restaurantpreisen, wenn man nicht gerade ein Luxus-Etablissement besucht, ist gewiß nicht zu deuteln. Aber im Zusammenhang mit der »Möwe« von guter oder gar erstklassiger Küche zu reden, schien mir eher ein schlechter Scherz zu sein.

Loriot blieb eisern und ohne Augenzwinkern bei seiner Meinung, weshalb ich mich an Kultzscher mit der Bitte wandte, er möge das Mysterium enthüllen. Doch der grinste nur still und sah an mir vorbei.

Plötzlich fiel es mir wie Schuppen von den

Augen. »War es zufällig so«, fragte ich, »daß Karl Sie vor der Bestellung des Menüs für kurze Zeit verlassen hat?«

Loriot nickte zustimmend, wenn auch verständnislos.

»Und ging er dann«, insistierte ich weiter, »in Richtung Küche?«

Kultzscher lachte.

»Dann weiß ich Bescheid«, fuhr ich fort. »Karl, gestehe! Du hast dem Koch gesagt, wer sein erlauchter Gast ist. Es gibt keinen Grund anzunehmen, daß ausgerechnet der »Möwen«-Koch kein Loriot-Fan sein sollte. Er hat also das beste Stück Fleisch bearbeitet und sich überhaupt aller einst erlernten Fertigkeiten erinnert, um den Meister durch eigene gute Arbeit zu ehren. Stimmts?«

»Stimmt«, sagte Kultzscher, »mein Steak war genauso zähledern wie immer.«

Schon im Jahre 1984 hatte die evangelische Pfarrgemeinde zu Brandenburg den Wunsch gehabt, anläßlich **Loriots** 60. Geburtstag eine große Ausstellung im Dom zu eröffnen. Daß er damals nicht in Erfüllung ging, erklärte Frau Arndt, Leiterin des Dom-Museums und Mutter dieser schönen kirchenkunstpolitischen Idee mit den Worten: »Wir hatten gerade soviel mit einem anderen großen L wie Luther zu tun.«

Aber am sommerwarmen 18. Mai 1985 stand der Ehrung des in den Brandenburger Standesamts- und Kirchenannalen geführten Vicco von Bülow nichts mehr im Wege. Auch eine Gruppe von »Eulenspiegel«-Mitarbeitern brach von der Spree zur Havel auf, um dem verehrten Kollegen Reverenz zu erweisen.

Ich gehörte gemeinsam mit dem Dichter Jürgen Rennert zu den ersten, die Loriot im gastlichen Hause des Dom-Pfarrers Dr. Hoffmann begrüßten. Unmittelbar nach uns betraten zwei aschfahle, gebrochene Menschen den Raum: Christa und **Karl Kultzscher**. Karl sollte die Eröffnungsrede vor – wie sich Stunden später herausstellte – mehr als zweitausend Ausstellungsbesuchern halten, und nun war er in einem Zustand, der ihm nur noch unverständliches Stammeln erlaubte.

Mit psychiatrischer Geduld entlockte ich den Kultzschers die Ursache ihrer Verzweiflung. Sie hatten das Wichtigste zu Hause in Pankow vergessen, nämlich das Rede-Manuskript und das weiße Hemd.

Obwohl Karl mit seinem tiefschwarzen Anzug und dem legeren Sommernicky wirklich etwas eigenartig aussah, hielt ich das Nichtvorhandensein des Manuskripts für die größere Katastrophe. Frau Christa winkte aufgeregt ab: »Die Rede kann er auswendig, aber wie soll er ein Hemd glaubwürdig darstellen?«

Jürgen Rennert erbot sich, eine Textilverkäuferin ausfindig zu machen, die ihren Laden aufschließen und ihm ein passendes Hemd verkaufen würde. Doch die Frau des Pfarrers votierte für eine praktikablere Lösung des Problems. Sie erfragte Karls Kragenweite und ging im Geiste alle beleibten Männer ihres Sprengels durch. Schließlich rannte Frau Hoffmann, Hoffnung im Blick, davon.

Zehn Minuten später kam sie mit einem blütenweißen Hemd aus den Beständen ihres Kantors Passauer zurück. Karl probierte das gute Stück und schnaufte erleichtert: »Dieser Gottesmann ist ganz meine Kragenweite.«

Die Ausstellungseröffnung, bereichert durch zu Herzen gehende, kluge Worte des Altbischofs Dr. Schönherr, gediegenes Orgelspiel des Hemdenspenders Passauer und nicht zuletzt durch die ebenso würdige wie witzige Rede, die Karl Kultzscher souverän und gezwungenermaßen ohne Blatt vor dem Mund hielt, wurde zu einem Ereignis für Brandenburg. Minutenlang hallte der ehrwürdige Dom vom Applaus wider.

Loriot sah sich genötigt, die ihm dargebrachten überwältigenden Beweise von Respekt und Liebe mit einigen Dankesworten zu honorieren. Sichtlich bewegt endete er seine Stegreifrede mit dem Satz: »Ich danke dieser Stadt, daß sie mich aufgenommen hat wie einen nichtverlorenen Sohn.«

ISBN 3-359-00005-6

2. Auflage

Lizenz-Nr.: 540/88/88 · LSV 7001
Einband und Vorsatz: Manfred Bofinger
Printed in the German Democratic Republic
Lichtsatz: INTERDRUCK Graphischer Großbetrieb
Leipzig – III/18/97
Druck und buchbinderische Verarbeitung:
LVZ-Druckerei »Hermann Duncker«,
Leipzig – III/18/138
620 767 2
00880